AÚN ESTÁS A TIEMPO DE SANAR

Una historia real de sanación emocional profunda que invita al lector a mirar su infancia y reconocer al niño herido que aún necesita ser amado.

Libro de Autoayuda/Sanación

Psci. Alexandra Delgado

Aún estás a tiempo de sanar
Una historia real para sanar al niño que aún te duele.

Psicoiniciativa™

AꝒD

Houston, 2025

Este libro es una obra original, basada en experiencias reales, reflexiones personales y fundamentos científicos de la Psicología y la Neurociencia. Cualquier semejanza con otras historias es coincidencia o parte de la universalidad del dolor humano.

TRIS® – Teoría del Renacimiento Integral del Ser (marca en trámite de registro) es un modelo terapéutico y de desarrollo humano creado por la autora, que integra psicología, neurociencia y experiencia vivencial para guiar a las personas del dolor al renacimiento personal.

Diseño y concepto editorial: **Psicoiniciativa™** (marca en trámite de registro)

Por: Alexandra Delgado

ISBN: 979-8-9996013-0-8

Primera edición, Houston, Estados Unidos.

Impreso y distribuido a través de Amazon KDP.

Contacto profesional:

Instagram: **@psicoiniciativa**

Correo: psicoiniciativamoderna@gmail.com

AVISO LEGAL / LEGAL NOTICE

AÚN ESTÁS A TIEMPO DE SANAR

Una historia real de sanación emocional profunda que invita al lector a mirar su infancia y reconocer al niño herido que aún necesita ser amado.

Este libro no solo revela una historia de transformación personal, sino que ofrece herramientas terapéuticas y fundamentos científicos para que cada lector pueda iniciar su propio proceso de sanación emocional. Es una invitación valiente a dejar de cargar con lo que no le pertenece y a convertir tu historia en un propósito.

Alexandra Delgado es psicóloga, abogada y coach en neurociencia. Con una vida marcada por experiencias profundas y un recorrido profesional comprometido, ha decidido unir su voz personal y científica para transformar el dolor en conciencia colectiva.

Es creadora de **TRIS® – Teoría del Renacimiento Integral del Ser**, un modelo que integra psicología, neurociencia y experiencia vivencial para guiar a las personas del dolor al renacimiento personal.

A través de **Psicoiniciativa™** (marca en trámite de registro), acompaña a quienes desean sanar, educar desde el amor y romper los ciclos del trauma emocional no resuelto.

Houston, 2025

Psicoiniciativa™ (Marca en trámite de registro)

Instagram: **@psicoiniciativa**

DEDICATORIA

A la niña rota que jamás se olvida.

Porque cada acto que revive el dolor la trae de vuelta, como una sombra que clama por amor, por paz, por una recompensa que nunca llegó.

Este libro es para ella, que aprendió a sobrevivir cuando solo quería vivir. Para la que calló por miedo, para la que fue fuerte por obligación, para la que aún tiembla en silencio cuando alguien la menciona.

Es también para ti, que reconoces que llevas dentro una herida sin cerrar. Para ti, que estás cansado de fingir que todo está bien. Para ti, que sientes que no puedes más… pero aún sigues.

Sanar no es olvidar.

"Ya no estás sola. Hoy te reconozco, te valido… y te sano."

Porque sí, aún estás a tiempo.

TABLA DE CONTENIDO

INTRODUCCIÓN

"No importa cuánto hayas aparentado haber superado, si dentro de ti aún vive una niña rota, este libro es para ti."

Decidí escribir este libro porque había pasado años callando lo que no se veía, pero que me dolía en silencio. Heridas que no solo marcaron mi infancia, sino también mi adultez, mi forma de amar, de criar, de pensar... incluso de triunfar. Porque cuando no sanamos lo que nos rompió, terminamos construyendo toda nuestra vida alrededor del dolor. Y eso fue lo que me pasó... hasta que elegí transformarlo.

Este libro está escrito para ti, que, a pesar de tus logros, de tu rol como madre, padre, pareja, profesional o amigo, aún cargas con vacíos que no sabes de dónde vienen. Está dirigido a quienes crecieron con heridas invisibles: el rechazo, la comparación, la humillación, el abandono emocional, la falta de validación, la ausencia de ternura. A los que fueron tratados como adultos cuando solo eran niños. A los que, como yo, se hicieron fuertes demasiado pronto.

Aquí no solo comparto mi historia: comparto un camino. Cada capítulo está construido con una estructura clara que une el relato real de lo vivido, el análisis psicológico y neurocientífico que explica lo que ocurre en la mente y el cuerpo cuando no se ha sanado, y herramientas prácticas que te acompañarán a iniciar, por fin, el camino de tu propia transformación.

En estas páginas también conocerás la **Teoría del Renacimiento Integral del Ser (TRIS®)**, un modelo que he creado a partir de años de estudio, vivencia y acompañamiento terapéutico. TRIS® une la psicología, la neurociencia y la experiencia humana para guiar a cualquier persona —sin importar la magnitud de lo que haya vivido— del dolor al renacimiento personal. Este libro es tu primer paso para conocerla, aplicarla y comprobar que no importa dónde comenzó tu herida: siempre puedes elegir cómo continúa tu historia.

El lector encontrará en estas páginas

Una historia real, sin adornos ni dramatismos, contada con la voz de quien eligió romper el silencio.

- Fundamentos científicos y emocionales que revelan cómo el trauma infantil moldea la vida en la adultez, y cómo revertir ese patrón.

- Un espacio para identificarse, para verse reflejado, sin vergüenza, sin culpa.

- Una guía de apoyo emocional, basada en mi formación como psicóloga, abogada y coach en neurociencia.

- Al final de cada capítulo, una *Reflexión para sanar*, un susurro directo al corazón del lector que busca aliento, comprensión y orientación.

Mi gran deseo es que este libro despierte algo dentro de ti. Que te invite a mirar tu historia con nuevos ojos, **sin negar lo que dolió**, pero con la certeza de que **aún estás a tiempo de reconstruirte**.

Que no lo cierres como lo abriste. Que lo termines sabiendo que puedes comenzar otra vida, una más consciente, más libre, más tuya.

No necesitas ser padre, madre o terapeuta para leer esto. Solo necesitas valor para enfrentar lo que has evitado durante años.

Porque la verdadera sanación comienza cuando dejas de callar lo que te rompió… y decides no repetirlo más.

Hoy te entrego estas páginas como una carta abierta de amor propio, de conciencia, de liberación. Aquí también encontrarás las bases de **TRIS® – Teoría del Renacimiento Integral del Ser**, un modelo que integra psicología, neurociencia y experiencia vivencial para guiarte, paso a paso, **del dolor al renacimiento personal.**

1. UNA INFANCIA INESPERADA

Mi historia

No elegí mi inicio, pero sí mi camino

"Las huellas de la infancia no siempre se ven, pero se sienten."

No todas las heridas sangran, pero sí dejan huellas. Algunas se ocultan detrás de silencios, gestos fríos, ausencias que duelen o miradas que nunca llegan. Así comienza este capítulo: no desde una historia particular, sino desde una realidad compartida por muchos —la infancia marcada por el dolor, el rechazo o la falta de amor.

Las huellas que deja una infancia herida no son iguales para todos. Algunos crecieron sintiéndose invisibles; otros, cargando expectativas que los sofocaban. Están quienes vivieron bajo violencia física o emocional, quienes fueron abandonados efectivamente, o quienes —incluso rodeados de personas— se sintieron solos. Las heridas pueden adoptar muchas formas, pero el dolor es igualmente real.

Yo fui una de esas niñas.

Nací el 9 de febrero de 1983, y desde mis primeros recuerdos supe que no fui bienvenida. Mi padre esperaba un varón. Yo era la tercera hija, la segunda mujer. Para él, eso era motivo de vergüenza. En su mente, una hija era suficiente. Tener más mujeres era revivir el fantasma de su propia madre, una mujer que crió varios hijos de distintos hombres. Yo me convertí en el blanco de sus frustraciones y prejuicios.

—*No te quiero. Tú debiste ser un varón. No sirves para nada. Vas a ser una prostituta* —me decía.

Sus palabras se clavaban como puñales en mi alma infantil. Yo no entendía qué había hecho mal. Me sentía rota por dentro. Llegué a culparme por no haber nacido niño. Los insultos eran cotidianos. Las comparaciones, inevitables. La falta de afecto, permanente. A veces había golpes; otras, castigos fríos disfrazados de corrección. La ternura no existía. La emoción era peligrosa. Y la protección... una ilusión.

Una de las experiencias más traumáticas ocurrió durante una crisis de tosferina. Mi hermana y yo colapsamos al mismo tiempo. Mi padre no dudó: saltó por encima de mí para socorrerla a ella. Solo mi abuelo materno acudió a ayudarme. Ese instante selló una certeza que me acompañaría por años: **yo no era digna de ser salvada.**

Desde muy pequeña, entendí que debía adaptarme para sobrevivir. Hablar, jugar o moverme libremente podía ser un riesgo. La casa no era un hogar: **era una cárcel emocional.**

Análisis psicológico y neurocientífico

Desde una perspectiva psicológica, la infancia constituye el periodo más vulnerable del ser humano. Es en esta etapa cuando se construye la estructura psíquica básica: la forma en que nos percibimos, nos amamos y nos vinculamos con el mundo. El psiquiatra y neurocientífico **Daniel Siegel** explica que el cerebro del niño es moldeado, literalmente, por las experiencias tempranas, especialmente por las relaciones con las figuras de apego.

Un niño no nace sabiendo quién es. Llega al mundo como una tabula rasa, un espacio abierto que sus cuidadores comienzan a inscribir con afecto, palabras, miradas, gestos. Pero si esos primeros "grabados" vienen cargados de rechazo, miedo o indiferencia, el niño aprende a existir en **modo supervivencia**. La base de su identidad se levanta sobre la inseguridad, el desamparo o la falta de valía.

Desde el enfoque neurobiológico, la exposición constante al estrés emocional activa el eje **hipotalámico-hipofisario-adrenal (HHA)**, lo que genera una sobreproducción de cortisol. Según el psiquiatra **Bessel van der Kolk,** esto interfiere con el desarrollo de áreas cerebrales clave como el **hipocampo,** implicado en la memoria, y la **corteza prefrontal,** responsable de la toma de decisiones y el control emocional.

En resumen, lo que un niño vive en su entorno no solo se traduce en emociones, sino también en **estructuras cerebrales.** La infancia queda impresa no solo en el alma, sino en la biología. Y esas huellas, si no son sanadas, se proyectan en la vida adulta como síntomas, creencias limitantes, bloqueos relacionales y sufrimiento emocional.

💔 Para ti, lector

No necesitas haber vivido exactamente lo que yo viví para sentirte identificado. No se trata de comparar heridas, sino de honrar las tuyas. Porque aunque cada historia es única, hay un dolor silencioso que muchas personas comparten: **haber crecido sin sentirse amadas, vistas o protegidas**.

Tal vez nadie te gritó, pero tampoco te defendió.
Tal vez nadie te golpeó, pero tampoco te abrazó.
Tal vez estuviste rodeado de gente, pero igual te sentiste solo.

O quizás tu herida fue más profunda. Quizás fuiste abandonado cuando más necesitabas ser sostenido. Quizás viviste algo tan injusto, tan devastador, que aún te cuesta nombrarlo. **Tal vez tu cuerpo fue lastimado, tu alma callada, tu inocencia arrebatada.**

Y sin embargo, aquí estás.
Leyendo estas líneas.
Sosteniéndote como puedes.

Este capítulo no es solo una historia. Es un espejo. Un llamado a detenerte y mirar hacia dentro. Porque **sanar no es olvidar lo que pasó**, ni justificar a quienes te lastimaron.
Sanar es darte permiso de sentir lo que no te dejaron sentir.
Es reconocer que ese niño aún vive en ti… y que ahora tú puedes ser quien lo abrace.

No importa cuánto tiempo haya pasado, ni cuán profundas sean las marcas.
Lo importante es que estás aquí.
Y si estás leyendo esto, no es casualidad: quizás tu alma también está pidiendo volver a casa.

Este libro no te exige nada. Solo te ofrece una posibilidad: **volver a ti.**

Porque aún estás a tiempo de sanar.

⊘ Guía de apoyo psicológico y neurocientífico para sanar al niño interior

Quizás te preguntes por dónde se empieza a sanar una historia que dolió tanto. La verdad es que no hay un único camino… pero sí hay una certeza: el primer paso comienza contigo.

Nadie puede retroceder en el tiempo.

Pero sí puedes acercarte hoy a ese niño que un día fuiste.

Puedes mirarlo con ternura.

Y por fin, escuchar lo que durante años calló.

Esta guía no es una receta mágica. Es una invitación.
A sentir. A cuidar. A reescribir.

🌿 1. Escríbele a tu niño interior

Tómate un momento en silencio. Respira.
Imagina que ese niño herido está frente a ti. Mírale a los ojos.
Escríbele una carta como si fueras el adulto que él necesitaba.
Dile todo lo que jamás le dijeron. Abrázalo con palabras que sanen: *"Lamento lo que viviste… No merecías ese dolor… Estoy aquí para ti."*

🌿 2. Repite afirmaciones de sanación profunda

El lenguaje construye realidades. Y también puede reconstruirnos.
Pronuncia frases sanadoras como:
"No fue mi culpa", *"Soy digno de amor"*, *"Puedo transformar mi historia"*.
No importa si al principio no te las crees. Tu cuerpo y tu alma aprenderán a escucharlas.

🌿 3. Practica respiraciones conscientes con autocompasión

Coloca tu mano en el pecho. Respira lento, profundo.
Con cada inhalación, imagina que abrazas a ese niño interior.
Con cada exhalación, suelta la carga que no era tuya.

🌿 4. Crea un refugio emocional imaginario

Cierra los ojos. Visualiza un espacio cálido, seguro, lleno de paz.
Allí, tu niño interior puede descansar, jugar, sentirse amado.
Visita ese lugar cada vez que el mundo adulto te duela demasiado.

🌿 5. Busca acompañamiento profesional con enfoque en trauma

No estás obligado a hacerlo solo.
Un terapeuta con sensibilidad y formación en trauma puede ayudarte a reconstruir desde adentro. **Buscar ayuda no es debilidad. Es valentía madura.**

🌿 6. Da un nuevo sentido a tu historia

No se trata de justificar lo que pasó.
Se trata de **liberarte del peso emocional que sigues cargando**.
Tu pasado no define tu valor. Pero sí puede ser el suelo fértil donde nazca una versión de ti más compasiva, más libre, más viva.

🕊 **Recuerda**: el niño que fuiste aún vive en ti. Y hoy, más que nunca, necesita saber que no fue su culpa.

Necesita saber que es posible sanar.
Y tú… puedes ser esa respuesta

Reflexión final

Nadie elige la herida con la que llega al mundo.
Pero sí puede elegir qué hace con ella cuando comienza a doler.

Puede enterrarla.
Negarla.
Hacerse fuerte para que no se note.
O puede, un día, con temblor en el alma y lágrimas en los ojos,
decidir **mirarla de frente**.

Sanar no es volver al pasado, es **recoger al niño que se quedó esperando**.
Es ser la voz que nunca lo defendió.
La ternura que nunca lo sostuvo.
El refugio que nadie le ofreció.

Y ese acto —valiente, sagrado, inmenso—
lo cambia todo.

No porque borre el dolor.
Sino porque, por primera vez, **lo dignifica**.

No viniste al mundo para aguantar.
Viniste a **reparar tu linaje con tu sola existencia**,
a recordar que mereces ser amado, incluso si nunca te enseñaron
cómo.

Este no es solo un libro.
Es una puerta.
Y si la estás abriendo, aunque sea con miedo,

es porque algo dentro de ti **ya ha comenzado a regresar a casa.**

No lo apresures. No lo controles. Solo siéntelo.
Respira.
Estás aquí.
Estás vivo.

Y sí...
Aún estás a tiempo de sanar.

Bibliografía

- **Siegel, Daniel** (2012). *Cerebro y mindfulness.* Ed. Kairós.

Van der Kolk, Bessel (2015). *El cuerpo lleva la cuenta.* Ed. Eleftheri.

2. CUANDO EL MIEDO DORMÍA CONMIGO

El miedo dormía conmigo, pero ya no vive en mí

Mi historia

Casi toda mi infancia la pasé fingiendo estar dormida… Hoy, estoy despertando para mirarme de frente.

El miedo no era una emoción.

Era una presencia.

No era un susto que venía y se iba.

Era un compañero de habitación.

Dormía conmigo. Respiraba a mi lado.

A veces se metía en mis sueños.

Otras veces, ni siquiera esperaba a que me durmiera.

Estaba allí, al lado de mi cama, cuando escuchaba los pasos de mi padre…
…o el silencio de mi madre.

Tenía miedo de hablar.

Miedo de preguntar.

Miedo de **existir demasiado fuerte**.

Si mi padre estaba cerca, yo temblaba. *Literalmente*.

Recuerdo que incluso me orinaba del susto.

Su sola presencia me paralizaba.

A veces fingía estar dormida.

Era la única forma de evitar que me mirara, me gritara o me cuestionara por existir.

Otras veces, simplemente cerraba los ojos e imaginaba ser *otra niña*.

En *otra casa*.

Con *otra familia*.

Una donde pudiera reír sin culpa.

Una donde jugar no fuera peligroso.

Había noches en las que me quedaba sola con él.

Esperaba a que durmiera, pero no cerraba los ojos.

Me hacía la dormida, con el cuerpo rígido y el alma en vilo.

Temía que se acercara. Que me tocara. Que hiciera algo que *nunca hizo*…

Pero el miedo ya lo había hecho real dentro de mí.

Él **nunca cruzó esa línea**.

Pero el terror vivía en mí como si ya hubiera ocurrido.

Y cuando finalmente se iba de madrugada, dejándome sola en casa, no sabía si agradecer o llorar.

Porque ese otro miedo —el de quedarme sola en una zona peligrosa— también me devoraba.

No sabía qué era peor: que se fuera... o que se quedara.

Se volvió sofisticado.

Y yo, una niña que aprendió a parecer adulta demasiado pronto.

Con voz firme y mirada fuerte...

Pero con las manos temblando por dentro.

Análisis psicológico y neurocientífico

Desde el enfoque psicológico, crecer con miedo constante genera un estado de **hipervigilancia crónica**. Cuando el hogar —ese lugar que debería ser un refugio— se convierte en una fuente de peligro, el niño desarrolla mecanismos de defensa como la *disociación*, la *sumisión* o la *negación emocional*.

El Dr. **Gabor Maté** explica que, en contextos de amenaza afectiva, la mente infantil aprende a adaptarse desconectándose del dolor. No por elección, sino por supervivencia. El niño no racionaliza: **su sistema nervioso responde por él.**

Desde la neurociencia, se ha demostrado que el miedo sostenido activa de forma prolongada el eje **HHA** (*hipotálamo–hipófisis–adrenal*), generando una liberación excesiva de **cortisol**, la hormona del estrés. Esta sobrecarga afecta la arquitectura cerebral en desarrollo, alterando regiones clave como el **hipocampo** (memoria), la **amígdala** (respuesta emocional) y la **corteza prefrontal** (autocontrol, juicio y regulación emocional).

El Dr. **Bessel van der Kolk**, referente mundial en trauma, detalla que esta hiperactivación mantiene al niño en un estado de *alarma encendida*, impidiendo un desarrollo emocional y cognitivo saludable. El cuerpo, literalmente, no puede relajarse.

La neurocientífica **Candace Pert**, pionera en la conexión mente-cuerpo, demostró que las emociones no procesadas quedan registradas en el cuerpo como *memoria celular*, generando somatizaciones, afectaciones inmunológicas y enfermedades crónicas de origen emocional.

El cuerpo recuerda lo que la mente aprendió a callar.

Cuando un niño vive en un entorno de amenaza constante, pierde el derecho a ser niño. Deja de imaginar, de explorar, de jugar.

A edades en las que debería estar pensando con qué va a divertirse al día siguiente, ya ha aprendido a planificar cómo sobrevivir a la noche.

Ese salto forzado hacia una etapa de autocontrol no es madurez:

es adaptación traumática.

Algunos niños —como fue mi caso— sobreviven volviéndose más alertas, hipersensibles a los gestos, a los tonos, al entorno. Otros, en cambio, se retraen profundamente.

Y en algunos casos extremos, el trauma puede desencadenar trastornos severos como la **esquizofrenia infantil.**

Hoy la ciencia es contundente: los acontecimientos adversos en la infancia no solo dejan marcas emocionales.

También **alteran los procesos biológicos, reconfiguran las conexiones cerebrales y condicionan la personalidad** en desarrollo, influyendo en la forma en que el individuo percibe, interpreta y responde al mundo.

💔 Para ti, lector

Tal vez esta no es tu historia…
Pero si algo dentro de ti se estremeció al leerla, entonces sí es tu reflejo.

No es necesario que lo pongas en palabras.
El cuerpo lo sabe.
El alma lo reconoce.
Y la herida, aunque esté bien escondida, **sabe cuándo algo la nombra sin decir su nombre.**

Lo que viviste —sea lo que sea— no fue pequeño si dejó huella.
No fue insignificante si aún te condiciona.
No fue "del pasado" si todavía lo sientes en el presente.

Quizás aprendiste a funcionar. A aparentar que nada pasó.
Pero lo que se reprime, no se borra.
Se guarda. Se encarna. Se repite.

No estás exagerando. No estás siendo débil.
Estás sintiendo lo que siempre estuvo ahí, esperando ser reconocido.

Porque lo que no se sana, se convierte en patrón.
En reacciones inexplicables.
En vínculos dolorosos.
En síntomas que el cuerpo lanza para que mires lo que la mente esquivó.

Y esto no lo digo desde el juicio, sino desde la comprensión más humana y más científica:
todo lo que sentiste fue real. Todo lo que aún duele… necesita cuidado.

Este capítulo no busca que revivas tu historia.

Busca que por primera vez la mires **con ojos adultos, conscientes y compasivos**.

No para culpar. No para quedarte en el dolor.

Sino para abrir el espacio donde algo nuevo pueda comenzar.

Ese espacio no es solo tu presente.

Es tu poder de reescribir lo que un día fue escrito sin tu permiso.

Aquí no termina tu historia.

Aquí es donde, por primera vez, **empiezas a escribirla con tu propia voz.**

Guía terapéutica para reescribir tu historia desde el miedo

Esta no es una lista de tareas.

Es una invitación.

A volver a ti, con delicadeza.

A sentarte contigo, sin juicio.

A reconocer que, aunque el miedo dormía contigo…

hoy puedes despertar, lentamente, en una historia diferente.

1. Dale voz al silencio

Escribe sin censura. No intentes que suene bonito ni lógico.

Deja que el niño o niña que fuiste diga lo que nunca pudo decir.

Hazlo con lápiz o con el alma.

No expliques, no razones: **solo escribe.**

"Tenía miedo cuando…",

"No entendía por qué…",

"Lo que más dolía era…"

2. Identifica las máscaras que aprendiste a usar

¿En qué momento dejaste de ser niño?

¿En qué parte de ti hay una sonrisa que no es verdadera? Ponle nombre a los disfraces emocionales que usaste para sobrevivir:

"Soy fuerte", "no me afecta", "no necesito a nadie".

Ahora míralos con compasión.

Fueron defensas, no defectos.

3. Reconoce que tu cuerpo no inventó el miedo

Tu temblor, tu alerta constante, tus reacciones hoy…

No son exageraciones.

Son rastros biológicos de una historia no resuelta.

Lleva tus manos a tu pecho, respira profundamente y repite en voz baja:

"Ya no estás en peligro. Ahora estoy contigo."

Hazlo cada día, aunque no lo sientas al principio.

Tu sistema nervioso necesita reaprender lo que un día olvidó:
sentirse a salvo.

4. Crea un refugio emocional dentro de ti

Imagina un lugar seguro, solo tuyo.

No necesitas grandes detalles.

Solo una sensación cálida, un rincón interno donde puedas volver cada vez que el miedo intente tomar el control.

Ese lugar eres tú… **cuando te eliges.**

5. Reescribe un recuerdo desde la compasión

Piensa en una escena de tu infancia que aún te duele.

Ahora imagina que tú, desde el presente, entras a esa escena.

No para cambiarla.

Sino para estar ahí, con tu versión pequeña.

Para abrazarle, mirarle y decirle:

"No fue tu culpa. No estás solo. Estoy aquí ahora."

Eso también es sanar.

6. Busca acompañamiento profesional si lo necesitas

No porque seas débil, sino porque mereces ser acompañado en este proceso.

Algunas historias necesitan ser sostenidas por alguien que sepa cómo no soltar.

Tú mereces eso.

⭐ Palabras para cerrar la guía:

El miedo te enseñó a protegerte.

Pero ahora estás aprendiendo algo nuevo:**a vivir sin estar huyendo de ti.**

Y aunque no puedas cambiar el capítulo en el que fuiste herido, sí puedes ser el autor del capítulo donde **empiezas a sanar**.

⏾◎Reflexión final

Ningún niño merece dormir con miedo.
Y ningún adulto debería seguir viviendo como si aún estuviera atrapado en esa oscuridad.

Este capítulo no es solo una historia.
Es un recordatorio:
el miedo no tiene derecho a ocupar lo que ahora te pertenece.

Puedes respirar sin defensa.
Puedes sentirte a salvo.

Y aunque el miedo haya tenido llaves de tu vida,
hoy puedes cambiar la cerradura.

Aún estás a tiempo de sanar.

El miedo crónico no solo interrumpe el juego, la risa o la curiosidad.
Le arrebata al niño una etapa que jamás debería haberse visto amenazada: la infancia.

Bibliografía

- **Maté, Gabor** (2022). *El mito del trauma*. Penguin Random House.

- **van der Kolk, Bessel** (2015). *El cuerpo lleva la cuenta*. Editorial Eleftheria.

- **Pert, Candace** (1997). *Molecules of Emotion: The Science Behind Mind-Body Medicine*. Scribner.

3. ALZANDO LA VOZ

**Mi infancia no me definió.
Me impulsó.**

✍ Mi historia

Alzar la voz no siempre significa gritar. A veces es simplemente atreverse a decir: "Esto me dolió".

Durante años, aprendí a callar.

A ser fuerte.

A guardar mis emociones como quien esconde dinamita en una caja de cristal.

En casa de mis padres, expresar lo que dolía no era permitido.

Era un pecado. Una amenaza al orden impuesto.

Llorar era debilidad. Preguntar, una insolencia.

Y yo, siendo niña, aprendí a tragarme la rabia, la tristeza y el miedo.

Pero a los doce años, algo cambió.

Estaba en el colegio, y ya no podía más.

Había una presión dentro de mí que amenazaba con romperme.

Una mezcla de angustia, soledad y confusión.

No sabía cómo explicarlo, pero sentía que me estaba apagando por dentro.

Busqué a la orientadora del instituto.

Fue la primera persona que me miró con compasión, sin juicio.

Yo solo quería desahogarme, decir todo lo que llevaba dentro.

Necesitaba ayuda.

Ella me escuchó. Me validó.

Y me dijo algo que nunca antes había oído:

—*Tienes derecho a expresar lo que sientes.*

Esa frase me transformó.

Fue la primera vez que mi voz sonó más fuerte que su desprecio.

Desde entonces, me enfrenté a mi padre muchas veces.
A veces con rabia.

Otras, con un dolor que me hacía temblar por dentro.

Me daba miedo. Me dolía. Pero mi propósito era claro: **defenderme.**

Alzar la voz trajo consecuencias:gritos, golpes, castigos, rechazo aún más frío en casa.

Pero nunca más volví a callar lo que me dolía.

Mi voz se convirtió en mi refugio.

En mi escudo.

En mi forma de existir, de sobrevivir, de sanar.

Fue el inicio de una rebelión emocional…pero también de una reconstrucción interna.

Porque hablar no solo liberó mi alma: **le enseñó a mi cuerpo que ya no tenía que vivir en alerta constante.**

Crecí sabiendo que mi padre hubiera preferido que no existiera.

Lo viví cada día.

Lo respiré en cada cuarto de la casa.

Lo sentí en cada mirada vacía, en palabras y golpes sin justificación.

Pero aunque su desprecio me quebró muchas veces,
mi voz se convirtió en la prueba de que yo sí merecía existir.

Análisis psicológico y neurocientífico

Callar lo que duele no es fortaleza. Es un mecanismo de defensa.

Desde la psicología del trauma, se sabe que cuando un niño no tiene permiso para expresar lo que siente, desarrolla lo que se conoce como **represión emocional**: guarda su dolor tan profundo, que incluso llega a creer que no existe.

El Dr. **Gabor Maté** explica que el niño se enfrenta a un dilema imposible: elegir entre su autenticidad o el vínculo. Y, por necesidad de supervivencia, elige lo segundo. Aprende a desconectarse de su mundo emocional para no perder el "amor" —o lo más cercano a él— que recibe.

La neurociencia demuestra que **la supresión crónica de emociones activa los mismos circuitos que responden al peligro físico real**. Aunque no haya gritos ni golpes, el cuerpo reacciona como si estuviera bajo amenaza constante.

El **eje HHA** *(hipotálamo–hipófisis–adrenal)* se mantiene encendido, generando un exceso de **cortisol**, que afecta funciones como la memoria, la regulación emocional y el desarrollo de la identidad.

Pero también sabemos que **nombrar lo que nos duele reduce su intensidad**. Al hablar desde un lugar seguro, la amígdala se regula, la corteza prefrontal se activa, y el sistema nervioso comienza a dejar el modo defensa.

Expresar lo que sentimos no es un lujo. Es una necesidad biológica.

¿Por qué necesitas hablar para sanar?

Lo que no se expresa, se transforma en síntomas.
No es una metáfora poética. Es un principio clínico.

Cuando desde niños aprendemos que hablar es peligroso o inútil, el cerebro asocia la expresión con amenaza. Cada vez que callamos lo que sentimos, el sistema límbico registra la experiencia como traumática.

Esto puede manifestarse en la adultez como:

- Miedo a decir lo que piensas.

- Incapacidad de poner límites.

- Ansiedad anticipatoria al hablar con claridad.

Y cuando la historia no contada sigue viva, el cuerpo empieza a hablar:

- Dolores físicos sin causa aparente

- Insomnio, taquicardias, disfunciones digestivas

- Ataques de pánico, tensión crónica

El silencio emocional no desaparece: **se desplaza al cuerpo**.

Pero cuando hablamos desde un lugar seguro y consciente:

- La **corteza prefrontal** recupera el control.

- El **hipocampo** reinterpreta lo vivido.

- Disminuye el cortisol y se liberan oxitocina, dopamina y serotonina.

- El cuerpo empieza a sentirse seguro.

Hablar sana.

Callar, en cambio, puede mantenerte atrapado en una prisión invisible.

Y si no haces algo al respecto, ese patrón emocional **seguirá repitiéndose** —en tus relaciones, en tu salud, y en cómo te miras a ti mismo.

💜 **Para ti, lector:**

No siempre tuvimos permiso para decir lo que dolía.
Tal vez aprendiste —como yo— que callar era más seguro, que tragar la rabia era mejor que incomodar, que fingir fortaleza era la única forma de ser aceptado.

Pero no naciste para silenciar tu historia.

Tu cuerpo la sigue cargando. Tus emociones aún buscan salida. Y tu alma... te está pidiendo que la escuches.

Alzar la voz no es ir contra nadie. Es comenzar a ir a favor de ti.

No se trata de gritarle al mundo lo que hiciste para sobrevivir, sino de **susurrarte con amor tu derecho a existir con dignidad**.

Tienes derecho a expresarte sin miedo,
a contar lo que te hirió,
a llorar lo que no pudiste llorar en su momento.

Tienes derecho a decir: "Aquí estoy. Esto fue real. Y merezco sanar".

Porque **cuando alzas la voz, no solo estás rompiendo el silencio: estás rompiendo la herencia del dolor**.

Aún estás a tiempo de hablar por ti.

Y que esta vez… **te escuches con ternura**.

Guía terapéutica para alzar tu voz interior

1.   Identifica lo que no pudiste decir

Haz una lista de frases que te hubiera gustado expresar en tu infancia o adolescencia. No importa si no las dijiste en su momento. Escribe sin censura. Reconócelas como legítimas.

2.   Usa tu voz de forma simbólica

Graba un audio solo para ti, donde hables como si tu niño interior te escuchara. Dile lo que necesitabas oír. Hazlo con el tono, las palabras y la ternura que te hubiera sanado en ese entonces.

3.   Libera el cuerpo del silencio acumulado

Elige una práctica corporal que estimule la expresión (baile libre, grito contenido en una almohada, escritura en voz alta, canto terapéutico). El cuerpo necesita soltar lo que no pudo expresar con palabras.

4.   Practica el permiso emocional diario

Cada noche, antes de dormir, respóndete internamente:

¿Qué sentí hoy y no dije?

¿Qué me callé por miedo al conflicto?

¿Qué parte de mí necesita ser escuchada con más compasión?

5.   Redacta tu manifiesto emocional

Escribe un texto breve que empiece con la frase:
"Hoy me doy permiso para…"
Puede ser llorar, enojarte, pedir, poner límites o simplemente ser tú. Lee ese manifiesto en voz alta al menos una vez por semana. Refuerza tu derecho a existir sin silenciarte.

Reflexión final

No naciste para callar lo que te rompió.

Tampoco para cargar con la culpa de lo que no pudiste decir a tiempo.

Si guardaste silencio, fue por miedo.

Si fuiste obediente, fue por amor mal entendido.

Y si te tragaste lo que dolía, fue porque nadie te enseñó a expresarlo sin ser castigado.

Pero ahora, tu voz ya no es peligrosa.

Es medicina.

Es memoria que se transforma.

Es verdad que ya no necesita esconderse.

Alzar la voz no es rebelarse contra el pasado.

Es reconstruirte desde la dignidad.

Hoy puedes decir:

"Esto me dolió… pero ya no me define."

Y en esa frase, comienza tu libertad.

Aún estás a tiempo de sanar.

Y esta vez… **no tienes que hacerlo en silencio.**

Bibliografía

- **Maté, G.** (2019). *El mito de la normalidad: Trauma, enfermedad y sanación en una sociedad tóxica.* Editorial Planeta.

- **van der Kolk, B.** (2020). *El cuerpo lleva la cuenta: Cerebro, mente y cuerpo en la superación del trauma.* Eleftheria.

4. NI NIÑA NI ADULTA... SOLO CANSADA

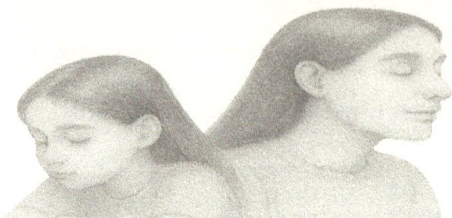

Crecí sin permiso, pero hoy descanso sin culpa.

✍ **Mi historia**

Hay edades para jugar, otras para aprender. Pero crecer sin transición —ni niña ni adulta— es simplemente agotador.

Después de los doce años, algo dentro de mí **cambió para siempre.**

Alzar la voz fue un acto de valentía que rompió el silencio de mi infancia, pero no marcó el final del sufrimiento. Fue apenas el inicio de una nueva etapa: **la de la adolescente que creció sin permiso,** con responsabilidades que no le correspondían y una carga emocional más pesada que cualquier mochila escolar.

Mientras mis compañeras soñaban con fiestas o amores adolescentes, **yo me enfrentaba a una guerra diaria con mi padre,** que cada día parecía más consumido por sus propios fantasmas.

Había dejado el trabajo formal y salía a las calles con un carro de raspados —una máquina para vender hielo molido con sabores—, empujándolo bajo el sol, sin rumbo fijo y con poco dinero que llevar a casa. A veces regresaba bebido. Otras, simplemente enojado. Pero sin excepción, **su ira siempre tenía mi nombre.**

No importaba si estaba dormida, si acababa de llegar o si había pasado el día entero en la escuela: yo era el blanco de sus acusaciones.

Me decía que me había visto en fiestas donde jamás estuve. Me gritaba palabras que una niña no debería escuchar.

Me trataba como una amenaza, como si mi crecimiento fuera un delito.

Incluso llegó a hacerse pasar por un hombre afuera de mi ventana, usando su voz disfrazada para fingir que alguien me esperaba.

Quería atraparme, "probarme", demostrar que yo era lo que él imaginaba.

Pero no lo era. *Nunca lo fui.*

La tensión crecía con los años. Los conflictos se intensificaban. Recuerdo el día en que, **agotada del cansancio emocional,** le grité que me matara si quería, que mi mayor alivio sería verlo preso.

No era un grito de odio. Era agotamiento puro.

Mi cuerpo ya no temblaba como antes.

Yo, que había sido una niña asustada, ahora era una adolescente endurecida por la necesidad de resistir.

Mi historia no solo fue de dolor, **también de silencios impuestos.**

Una tarde volví a casa porque había olvidado el dinero para mi merienda. Al abrir la puerta, escuché a mis padres discutir.

Mi papá gritaba que mi hermano mayor no era su hijo. Mi mamá lloraba.

Él la acusaba de estar enamorada de su propio hijo.

Cuando me vio, gritó que sí, que era verdad, que yo debía saberlo.

Desde ese instante, cargué con un secreto que no me correspondía.

A los catorce años empecé a trabajar. En vacaciones, mi tía me llevó a una casa donde hacía servicio, y me encargaron una niña pequeña.

El dueño, un hombre mayor, me ofreció quedarme a vivir allí.

Prometía educación y apoyo.

Me asusté. No confié. Y me fui.

Después trabajé alquilando películas. Y a los diecisiete, en una casa cuidando tres niños. Vivía allí. Pasé quince días sin ir a casa. **Nadie me llamó.**

Cuando volví, mi mamá actuó con indiferencia.

Mi papá me insultó. Me llamó prostituta.

Gritó, con desprecio, que dónde había estado "puteando".

Trabajé como suplente en una escuela y, con lo poco que ganaba, ayudaba a mantener la casa.

Mi hermano dejó a su esposa junto con sus cuatro hijos en casa de mis padres. Se fue a vivir con su nueva pareja.

Curiosamente, fue ella quien me ayudó a conseguir un empleo formal como secretaria en una empresa llamada Protinal.

Ahora sostenía emocional y económicamente a mis padres, y también a los hijos de mi hermano.

Mi padre dejó casi por completo de aportar dinero.

La bebida ocupó más espacio en su vida.

Fui yo quien cargó con todo.
La hija señalada, la que siempre fue el problema, **se convirtió en el sostén de todos.**

Y fue allí, en ese baile injusto de cargas ajenas, **donde mi alma empezó a gritar.**
Quería escapar. Respirar sin miedo, sin gritos, sin humillaciones.
Por primera vez, quería vivir mi vida.

Fue en ese agotamiento profundo que conocí a quien sería mi esposo.
Aunque esa historia también tendría sombras, **fue mi primer intento real de libertad.**

Análisis psicológico y neurocientífico

La adolescencia debería ser una etapa de exploración, auto-descubrimiento y consolidación de la identidad. Sin embargo, cuando el trauma, la negligencia o la adultificación irrumpen en este proceso, el desarrollo psicoemocional se ve alterado profundamente.

La adultificación infantil ocurre cuando a un niño o adolescente se le imponen tareas, cargas o responsabilidades emocionales que solo deberían corresponder a un adulto. No es madurez. Es una forma de desprotección crónica. **La investigadora Joy DeGruy** lo define como una violencia estructural invisible: una herida que no siempre se ve, pero que deja marcas profundas.

Alexandra no solo empezó a trabajar desde los catorce años. También se convirtió en sostén emocional, económico y funcional de una familia rota. Fue empujada a crecer sin permiso, a sostener lo que otros no pudieron, a apagar su propio dolor para que el sistema familiar no colapsara.

La psicoterapeuta Alice Miller habla de los "niños talentosos", aquellos que se adaptan al entorno hostil volviéndose obedientes, resolutivos, silenciosos. Son admirados por su madurez prematura, pero detrás de esa capacidad precoz hay un grito ahogado: el grito de quien tuvo que dejar de ser niño para ser útil.

El Dr. Gabor Maté lo explica con claridad: cuando la expresión emocional no es segura, el cuerpo guarda el trauma. **La desconexión emocional se convierte en una estrategia de supervivencia,** pero tiene un precio elevado: enfermedades psicosomáticas, inmunodeficiencias, ansiedad persistente y patrones de vínculo basados en el sacrificio.

Desde la **neurociencia**, se sabe que **el estrés crónico sostenido** hiperactiva el eje **HHA** *(hipotálamo–hipófisis–adrenal)*, generando un flujo constante de *cortisol*, la hormona del estrés. Este desequilibrio químico altera áreas clave del cerebro en desarrollo:

- *La amígdala,* que intensifica las respuestas de miedo y amenaza.

- *El hipocampo,* que procesa la memoria emocional.

- *La corteza prefrontal,* responsable del juicio, la regulación emocional y la toma de decisiones.

El neuropsiquiatra Boris Cyrulnik, pionero en estudios sobre resiliencia, confirma que **el trauma infantil moldea el mapa cerebral.** No solo afecta el presente: condiciona la forma en la que la persona se vincula, se protege, se entrega o se abandona a sí misma en la adultez.

Las consecuencias no siempre aparecen de inmediato. Muchas veces, **surgen años después** como:

- **Perfeccionismo extremo** disfrazado de responsabilidad.

- **Culpa al descansar**, como si el descanso fuera abandono.

- **Incapacidad de poner límites**, por miedo al rechazo.

- **Tendencia a salvar a otros antes que a uno mismo**, como si su valor dependiera de lo que entrega.

Lo que se aprendió por trauma, el cuerpo lo reproduce por lealtad. Y mientras no se sane esa raíz, el patrón continúa: en el trabajo, en las parejas, en la relación consigo mismo.

Sanar implica cuestionar esa programación interna. **Reconocer que ser fuerte no significa cargarte con todo.** Que ayudar no es obligación. Que descansar no es pecado. Que tú también mereces ser cuidado.

🖤 Para ti, lector

Tal vez también creciste cargando pesos que no te correspondían. Obligado a ser fuerte, útil, funcional… mientras dentro de ti algo gritaba por ser visto.

No todos vivieron una historia idéntica. Pero muchos saben lo que es tener que madurar a la fuerza, con el cuerpo cansado y el alma rendida antes de cumplir veinte. **La infancia**

robada no siempre deja moretones. A veces deja silencios eternos.

Quizás tú también fuiste el sostén emocional de una familia disfuncional. Tal vez sentiste que si tú no estabas, todo se derrumbaba. Aprendiste a estar siempre disponible, a decir que sí aunque quisieras decir no, a cuidar de todos... mientras nadie cuidaba de ti.

Y ese patrón puede seguir activo hoy, sin que te des cuenta. Sigues cumpliendo, resolviendo, complaciendo. Sigues cargando lo que otros dejaron caer. **Pero ahora tienes permiso de preguntarte: ¿Quién me sostiene a mí?**

Este capítulo no es un juicio a tu pasado. Es una invitación a romper la lealtad con esa versión de ti que creyó que debía hacerlo todo solo. A esa parte tuya que confundió sacrificio con amor, aguante con fortaleza, y silencio con madurez.

Tú también mereces descansar sin culpa. Llorar sin vergüenza. Alzar la voz sin miedo. Volver a ti sin excusas.

No estás traicionando a nadie al priorizarte. Solo estás volviendo al lugar donde siempre debiste estar: **tu propia vida**

🧭 **Guía terapéutica: recuperar tu voz, libera tus cadenas**

1.   **Escribe lo que nunca te permitieron decir:**
Redacta una carta (no para enviar) donde pongas en palabras todo aquello que en tu adolescencia te tragaste por miedo, vergüenza o lealtad forzada. No edites. No te límites. Escribe desde el lugar donde más dolió el silencio.

2. Haz un inventario de tus cargas heredadas:

Enumera las responsabilidades, creencias o funciones que asumiste sin elegir (ser el fuerte, el salvador, el mediador, el que no falla). Junto a cada una, escribe si hoy te sigue sirviendo… o si ya estás listo para soltarla.

3. Observa si tu voz actual te representa:

¿Tu manera de expresarte refleja quién eres o quién fuiste obligado a ser? ¿Callas para evitar conflictos? ¿Hablas desde la herida o desde la sanación? Reflexiona si tu tono, tus pausas y tus límites hoy están alineados con tu autenticidad.

4. Graba tu verdad en voz alta:

Elige una frase que resuma tu historia de supervivencia y tu decisión de sanar. Puede ser tan simple como: *"Hoy tengo derecho a existir sin cargar a nadie"*. Grábala con tu voz. Reprodúcela cada mañana durante una semana. Haz que tu voz te acompañe.

5. Practica límites orales seguros:

En conversaciones cotidianas, empieza a introducir frases que reflejen tu autocuidado, como: *"Prefiero no hablar de eso"*, *"No puedo hacerme cargo de esto ahora"*, *"Eso no me hace bien"*. Tu voz no necesita gritar para sanar. Solo necesita ser escuchada.

Valida tu derecho a dejar de sostenerlo todo:

Repite internamente o escribe en tu diario emocional:
"No traiciono a nadie por cuidarme. No abandono a nadie por priorizarme. Y no tengo que seguir cargando lo que no elegí."
Este acto de afirmación es el inicio de una nueva historia, porque al reconocerte y elegir desde tu verdad, rompes con el guion que otros escribieron para ti. Es el momento en que dejas de vivir en automático y empiezas a construir, paso a paso, una

vida que refleja quién eres de verdad y no solo lo que sobreviviste.

👂💬Reflexión final

No siempre fuimos escuchados. Pero eso no significa que nuestra voz no valga.

Alzar la voz no es solo hablar: es devolverle dignidad a lo que callaste por miedo, por lealtad o por costumbre.

Aunque hayas crecido creyendo que sentir era un problema y que incomodar era pecado, hoy puedes romper ese pacto de silencio.
Porque tu historia importa. Tu voz importa. Tú importas.

Y si nadie te enseñó a expresarte sin culpa, aquí empieza el aprendizaje más valiente:
hablarte con verdad, y escucharte con compasión.

Bibliografía

- **Maté, Gabor** (2022). *El mito del normal.* Editorial Gaia.

- **Miller, Alice** (1981). *El drama del niño dotado.* Editorial Tusquets.

- **Cyrulnik, Boris** (2001). *Los patitos feos: La resiliencia. Una infancia infeliz no determina la vida.* Editorial Gedisa.

- **DeGruy, Joy** (2005). *Post Traumatic Slave Syndrome.* Uptone Press

5. EL DÍA QUE DECIDÍ ELEGIRME

No me fui por rebeldía..., me elegí por amor propio.

✍ Mi historia

A veces, irse no es huida... es renacimiento. Porque quedarse puede ser otra forma de morir en vida.

"*A veces, irse no es huida... es renacimiento.*"
Porque quedarse puede ser otra forma de morir en vida.

A los 21 años, tomé una decisión de la que **nunca me he arrepentido**: *me fui de casa.*
No fue por rebeldía ni por egoísmo.
Me fui por amor propio.

Durante años intenté complacer, esperar un gesto de afecto, *un abrazo que confirmara que yo también era merecedora de ternura.*
Pero ese momento nunca llegaba.
Me di cuenta de que, si me quedaba, me iría apagando lentamente... hasta desaparecer.

Conocí a quien luego sería mi esposo.
Su forma de tratarme fue distinta a todo lo que había conocido: tranquila, respetuosa, humana.

Aunque yo aún no estaba completamente sana, **su presencia fue el primer lugar seguro que conoció mi sistema emocional.**

Me fui sin permiso. Me mudé. Empecé a construir mi espacio.
A celebrar mis cumpleaños, a viajar, a reír sin miedo.
Cada acción, por pequeña que fuera, **empezó a reprogramar mi historia.**
Sentía por primera vez que mi vida me pertenecía.
Era *un renacer.*

Y aunque me alejé para reconstruirme, *no fue un acto de huida ni de ruptura definitiva.*
Fue una forma de **salvarme.**
Quería crear algo diferente, un espacio donde el amor no doliera, *donde la dignidad no tuviera que negociarse.*

Soñaba con sanar mi historia, y también con ofrecer algo nuevo a quienes amaba.
Ilusamente pensé que mi transformación bastaría para inspirar la de ellos.
Pero comprendí que **el cambio solo es posible en quien lo desea.**

Aun así, **no me arrepiento.**
Porque *irme no fue dejar de amar…*
Fue empezar a amarme a mí también.

Análisis psicológico y neurocientífico

Irse no siempre es escapar. A veces es sobrevivir con dignidad.

Desde el enfoque psicológico, **elegirse a uno mismo** tras años de maltrato emocional no es un acto egoísta: es un signo de salud mental emergente. Según la psicóloga **Judith Herman,** la recuperación del trauma implica tres fases: seguridad, reconstrucción del relato y reconexión con la vida. Y la seguridad comienza, muchas veces, por *irse del lugar que te sigue hiriendo.*

Cuando una persona toma la decisión de alejarse de un entorno tóxico, **está rompiendo un ciclo intergeneracional** de dolor. No todos logran hacerlo. Algunas víctimas internalizan tanto el abuso que creen merecerlo o temen que fuera de ese entorno no hay nada. *Por eso irse, incluso con miedo, es un acto valiente y reparador.*

A nivel neurocientífico, cuando una persona abandona un ambiente estresante, se reduce la activación del **eje HHA** *(hipotálamo–hipófisis–adrenal),* disminuyendo así la producción de **cortisol**, la hormona del estrés. Esto permite al sistema nervioso autónomo transitar desde el modo **"lucha o huida"** al modo **"reposo y reparación"**.

El **Dr. Bessel van der Kolk** explica que el cuerpo traumatizado no distingue entre amenaza real y recuerdo emocional: sigue activando los mismos circuitos, incluso en ausencia de peligro físico. *Por eso, para que el sistema nervioso entienda que ya no está en guerra, necesita evidencia concreta de seguridad.* Irse, en estos casos, puede ser esa evidencia.

Cuando una persona se elige, está activando áreas cerebrales como la *corteza prefrontal* (asociada a la toma de decisiones y el juicio moral), y reduciendo la sobrecarga de la *amígdala,* responsable de la detección del miedo. A su vez, aumenta la producción de *oxitocina* **y** *dopamina,* neuroquímicos relacionados con la vinculación sana y el bienestar.

Desde una perspectiva integradora, elegirte significa enviarle a tu cuerpo un mensaje claro:
"Ya no estás en peligro. Ahora tú decides."

Y eso, en términos psicológicos y biológicos, es el primer gran paso hacia la sanación.

💔 Para ti, lector

Quiero hablarte a ti, que estás leyendo esto.

Si alguna vez sentiste que quedarte te estaba rompiendo por dentro…
Si has pensado que alejarte era egoísta, pero en realidad era la única forma de protegerte…
Quiero decirte que te entiendo. Y no estás solo. No estás sola.

No sé qué historia te trajo hasta aquí. No sé a quién tuviste que soltar o de qué tuviste que alejarte. Pero sé que duele. Porque incluso cuando sabemos que es lo correcto, separarnos de lo conocido deja marcas. A veces no queríamos irnos… simplemente ya no podíamos quedarnos.

Tal vez, como yo, esperaste durante años una caricia, una palabra que no llegó. Tal vez luchaste por ser visto, por ser valorado, por ser amado de una manera que nunca se dio. Y un día, entendiste que seguir esperando también era una forma de seguir muriendo.

Hoy quiero que sepas algo importante:
no fue traición… fue amor propio.
No te rendiste. Te elegiste.

Y si nadie te lo ha dicho todavía, déjame ser yo quien lo haga:
hiciste lo correcto.

Tienes derecho a empezar de nuevo, a crear una vida donde puedas respirar, reír, ser tú… sin miedo.

Tienes permiso de dejar de sostener lo que te estaba apagando.

Aquí empieza un nuevo pacto: contigo.

◎ Guía terapéutica: Aprender a elegirme sin culpa

1. Reconoce lo que elegiste callar para quedarte

Haz una lista de todo lo que toleraste por miedo a irte: gestos, palabras, silencios, sacrificios. Al lado de cada uno, escribe lo que realmente sentías. Este ejercicio no es para juzgarte, sino para validar todo lo que atravesaste antes de tomar la decisión de irte.

2. Escribe tu acto de renuncia como un manifiesto personal

Redacta un párrafo comenzando con esta frase:

"El día que decidí elegirme, renuncié a…"

Continúa con aquello a lo que renunciaste: migajas de afecto, humillaciones, dependencia emocional, lealtades dolorosas. Hazlo sin suavizar, con la verdad que tu alma estaba gritando.

3. . Haz un altar simbólico de tu nueva etapa

Elige un rincón de tu casa solo para ti. Coloca una vela, una piedra, una frase escrita a mano o un objeto que represente tu renacer. Ese lugar será tu recordatorio de que elegirse es un acto sagrado. Cada vez que lo mires, recuerda: "no fue egoísmo, fue supervivencia".

4. Cambia el "me fui" por "me elegí"

Durante una semana, cada vez que hables de tu pasado, reemplaza frases como *"me alejé"* o *"me fui"* por *"me elegí"*.

Observa cómo ese pequeño cambio transforma la narrativa de víctima a protagonista. No te fuiste... **te salvaste.**

5. Establece un nuevo acuerdo contigo

Cierra esta guía escribiendo cinco decisiones que marcarán tu nueva etapa. Por ejemplo:

- "No volveré a justificar lo injustificable."

- "No mendigaré amor ni respeto."

- "No me quedaré donde mi alma se encoge."

- Haz que estas frases se conviertan en tu nuevo compromiso contigo. Léelas en voz alta cada vez que sientas la tentación de retroceder.

Reflexión final

Tal vez tú también tuviste que irte para salvarte. Tal vez aún estás decidiendo si quedarte o si finalmente elegirte.

Déjame decirte algo, mirándote a los ojos, desde el alma: **no es egoísmo elegirte cuando quedarte te rompe.** No es traición alejarte de quienes nunca supieron cuidar tu corazón.

Elegirte es un acto de amor propio que no necesita permiso. Es tu derecho. Es tu renacer.

Quizás te duela irte. Quizás aún esperas que alguien te diga: *"qué valiente fuiste"*. Pero aunque no lo digan, **tú lo sabes. Tú lo sentiste. Tú te salvaste.**

Hoy puedes mirar atrás sin vergüenza. No por lo que dejaste... sino por lo que te atreviste a comenzar.

Porque a veces, la vida empieza justo ahí:
el día que decides no volver a olvidarte de ti.

"No fue huida. Fue volver a mí. No fue abandono. Fue volver a nacer."— *Alexandra Delgado*

Bibliografía

- **Herman, Judith** (1992). *Trauma and Recovery: The Aftermath of Violence—from Domestic Abuse to Political Terror.* Basic Books.

- **van der Kolk, Bessel** (2014). *The Body Keeps the Score: Brain, Mind, and Body in the Healing of Trauma.* Vikin

6. VOLVER DOLÍA MÁS QUE PARTIR

**Sanar duele,
pero también libera.**

Mi historia

No fue huida. Fue volver a mí.
No fue abandono. Fue volver a nacer.

Después de haber salido de casa y comenzar a construir mi propia vida, algo dentro de mí aún necesitaba cerrar el círculo. Quise compartir esa nueva etapa con mi familia de origen, como si al mostrarles que había logrado levantarme, pudieran por fin **verme, reconocerme, amarme.**

Cuando supe que estaba embarazada de mi primer hijo y descubrimos que era varón, una parte de mí se llenó de ilusión. Pensé que, quizás, podía ofrecerle a mi padre algo que él siempre valoró: un nieto varón. **Creí que eso sería un puente, una forma de restaurar algo roto entre nosotros.** Pero, una vez más, la realidad desdibujó mis expectativas.
Nada en mi vida —cuando se trataba de ellos— ocurría como lo imaginaba.

Desde el corazón, intenté sanar. Los invitaba a mi hogar, organizaba cenas, celebraciones, cumpleaños. **Les ofrecía lo que a mí me faltó**: una familia unida, un ambiente de cuidado, respeto, amor. Los trataba con la generosidad que me hubiese gustado recibir.

Pero, una y otra vez, me encontré con lo mismo: **apatía, críticas, indiferencia.**
Mi felicidad parecía molestar.
Mis logros no eran reconocidos.
Mi esfuerzo era ignorado.
Incluso mi padre, frente a mi esposo, hablaba mal de mí.

Aun fuera de ese entorno, su voz seguía dentro de mi cabeza. Su juicio, su desprecio, su falta de control emocional se hacían presentes como un eco invisible. Y me dolía. Porque **seguía buscando amor donde solo había ausencia.** Seguía queriendo ser vista por quienes siempre miraron hacia otro lado.

Análisis psicológico y neurocientífico

El **anhelo de reconciliación con la familia de origen** es un deseo profundamente humano. Desde la *psicología del apego*, como lo explica **John Bowlby**, las figuras parentales son nuestras primeras fuentes de seguridad o inseguridad. Por ello, las necesidades de *validación, pertenencia y reconocimiento* se moldean desde esas primeras experiencias. Incluso cuando las relaciones son disfuncionales o abiertamente dañinas, el vínculo emocional no se rompe con facilidad. La mente —y especialmente el cuerpo emocional— continúa buscando reparar lo que le fue negado, como un intento inconsciente de sanar la herida de base.

Alice Miller, en *El cuerpo nunca miente*, describe cómo muchos hijos, incluso en la adultez, siguen intentando ganarse el amor de sus padres a través del éxito, la obediencia o el sacrificio. Lo hacen sin notar que ese amor, si no fue dado de forma genuina en la infancia, *difícilmente surgirá en respuesta al reconocimiento o la perfección*. Esa necesidad no resuelta puede transformarse en un ciclo de frustración, tristeza e incluso somatización del dolor emocional.

Desde la neurociencia del trauma, **Gabor Maté** afirma que el sistema nervioso conserva *huellas somáticas del rechazo infantil*. Al reencontrarse con las figuras que provocaron ese daño, el cuerpo no distingue el pasado del presente: activa respuestas de alerta, hipervigilancia y liberación de cortisol, como si el peligro estuviera ocurriendo de nuevo. Esta reactivación emocional se conoce como *resonancia traumática*, y puede manifestarse en forma de ansiedad, insomnio, bloqueo afectivo o respuestas desproporcionadas.

Bessel van der Kolk, en *El cuerpo lleva la cuenta*, sostiene que los traumas emocionales no procesados tienden a cronificarse, sobre todo cuando se busca sanar desde el mismo lugar —o con las mismas personas— que originaron la herida. La mente puede crear narrativas que intentan justificar el daño, pero el cuerpo recuerda. *El cuerpo siempre recuerda.* La falta de reconocimiento, la crítica constante o la indiferencia familiar son formas de violencia relacional que, si se repiten, profundizan el dolor original.

A nivel neurobiológico, el contacto constante con figuras emocionalmente adversas mantiene hiperactivado el eje HPA (*hipotálamo–pituitaria–adrenal*), generando una secreción sostenida de **cortisol** y debilitando funciones clave como el juicio emocional, la empatía, la autorregulación y la memoria.

Alejarse de esos entornos, en cambio, permite la activación de áreas del cerebro asociadas a la conexión segura, como la corteza prefrontal y el sistema de recompensa, liberando **oxitocina**, **serotonina** y **dopamina**, fundamentales en los procesos de reparación emocional.

Sanar no siempre implica regresar al pasado, a las personas, lugares o situaciones donde fustes herido.

A veces, la verdadera sanación es elegir no volver a lo que te rompió.

"Horra tu proceso y sigue adelnate, incluso si eso duele"

💔 **Para ti, lector**

Este espacio **no es para quien hizo todo bien.**
Es para **ti**, que tal vez tomaste decisiones impulsadas por el miedo, la carencia o la desesperación.
Para ti, que **amaste sin ser amado**, que diste demasiado, que huiste… que volviste… que te quedaste **aun cuando ya no quedaba nada.**

Este espacio es para ti, **incluso si no sabes cómo empezar a sanar.**
Para ti, que reaccionaste como supiste, que te defendiste como pudiste.
Para ti, que tal vez heriste porque estabas herido.
Que callaste por años, **esperando que alguien viera tu dolor sin tener que explicarlo.**

A veces, las elecciones que hoy te pesan fueron **las únicas que tu niño interior supo tomar** para sentirse querido, seguro, aceptado.

No naciste para fallar.
No merecías el abandono, el maltrato ni el juicio.
Y aun si te lo hicieron creer… **tú no eres ese daño.**

Aquí no hay etiquetas.

No hay reproches.

Solo la posibilidad de volver a ti.

De reescribirte.

De perdonarte.

Porque **sanar no es corregir el pasado.**

Es mirarlo con compasión…

y decidir que mereces algo mejor.

Incluso si nadie antes te lo dijo.

Tu historia aún puede convertirse en la versión más fiel de ti.

Y no hay acto más sagrado… que **ganarte el amor de ti mismo.**

🧭 Guía terapéutica: Volver a ti, aunque duela

1. Nómbralo sin culpa

Escribe una lista de todas las veces en que volviste a un lugar, relación o hábito que sabías que te hacía daño. No para juzgarte, sino para **reconocer con honestidad lo que tu corazón aún necesitaba entender**. Nombrar es el primer paso para sanar.

2. Identifica lo que fuiste a buscar

Junto a cada una de esas vueltas, responde con sinceridad:

¿Qué estaba esperando de regreso? ¿Reconocimiento? ¿Paz? ¿Aprobación? ¿Una segunda oportunidad?

Muchas veces, no volvemos por amor, sino por necesidad emocional no resuelta.

3. Cierra el ciclo con una carta sin envío

Escribe una carta a esa persona, lugar o etapa que dejaste atrás. No para culpar, sino para **liberarte.** Puedes comenzar con:

"Volví esperando que..."

y terminar con: *"Hoy entiendo que ya no necesito volver para estar en paz."*

4. Crea un ritual de retorno a ti

Elige un objeto simbólico (una prenda, una vela, una piedra) que represente tu regreso a ti. Llévalo contigo por unos días o colócalo en tu espacio personal. Cada vez que lo veas, repite internamente:

"Hoy no regreso por miedo. Hoy me quedo conmigo por amor."

"Me permito ser suficiente, aquí y ahora

5. Reescribe tu historia desde el presente

Escribe un párrafo que comience con:

"Hoy entiendo que…"

y continúa con lo que has descubierto sobre ti, sobre tus decisiones y sobre tu valor. Que tu nueva narrativa no esté escrita desde el reproche, sino desde la comprensión.

6. Declara tu límite sagrado

Completa esta afirmación y guárdala como pacto contigo:

"Volveré solo si…"

(Por ejemplo: "…si hay respeto mutuo", "…si mi bienestar no se sacrifica", "…si ya no tengo que suplicarme amor").

Volver no siempre es un error; a veces es la oportunidad de cerrar un ciclo o mirar desde una nueva perspectiva. Pero volver a ti —a tu esencia, a tu verdad, a lo que realmente eres— es siempre el acto más valiente, porque implica reconocerte sin máscaras, abrazar tus heridas y elegirte por encima de todo lo que te alejó de ti misma

☺☺ Reflexión final

A veces, volver duele más que haberse ido. Porque cuando crecemos, ya no cabemos en los mismos espacios que una vez nos hicieron daño.

Volver con esperanza, con el corazón abierto, con ganas de reconstruir... y encontrarte con el mismo vacío de antes, puede ser más desgarrador que haber partido.
Porque ahora sabes lo que mereces.
Porque ahora duele desde la conciencia.

Si estás leyendo esto y sientes que **tu regreso no fue correspondido**, que diste sin recibir, que abriste la puerta y solo volvió el silencio... quiero decirte algo: **no fracasaste por intentar.** Fracasa solo quien deja de escucharse.

El amor no se impone, la sanación no se fuerza.
Y tú no necesitas quedarte donde ya no hay lugar para ti.

A veces, **la única forma de cerrar un ciclo es aceptar que no va a sanar donde se originó.**
A veces, la verdadera valentía no está en volver... sino en irte sabiendo que ya no necesitas regresar.

Hoy puedes elegirte otra vez.
No por rencor. No por orgullo.
Sino porque mereces paz.

Bibliografía

- **Bowlby, John.** *El apego y la pérdida.* Paidós, 1989.

- **Miller, Alice.** *El cuerpo nunca miente.* Tusquets, 2005.

- **Maté, Gabor.** *Cuando el cuerpo dice no: El costo del estrés oculto.* Urano, 2005.

- **van der Kolk, Bessel.** *El cuerpo lleva la cuenta: Cerebro, mente y cuerpo en la superación del trauma.* Eleftheria, 2020

7. SANACIÓN Y LIBERACIÓN

El pasado no quedó atrás, pero dejó de pesar

✍ Mi historia

"Sanar no fue el final de la historia. Fue el principio de un reencuentro conmigo."

"Sanar no fue el final de la historia. Fue el principio de un reencuentro conmigo."

El trauma psicológico no se guarda solo en los recuerdos: se aloja en el cuerpo, en la química cerebral y en la memoria implícita.

Según el **Dr. Bessel van der Kolk**, autor de *El cuerpo lleva la cuenta*, las personas traumatizadas no recuerdan el trauma únicamente como algo que sucedió, sino como algo que *aún está sucediendo* dentro de su sistema nervioso. El cuerpo vive en estado de alerta permanente, como si la amenaza todavía existiera.

Por eso, muchas personas —incluso después de haber salido de entornos tóxicos— siguen sintiendo miedo, culpa o ansiedad sin una causa aparente. *No es debilidad.* Es el cableado interno que quedó atrapado en el pasado.

La neurociencia del trauma ha demostrado que las experiencias tempranas de abuso, negligencia o invalidación emocional alteran el desarrollo del eje **HPA** *(hipotálamo– pituitaria–adrenal)* y elevan la producción de cortisol, generando desequilibrios en la **amígdala** (centro del miedo), el **hipocampo** (memoria emocional) y la **corteza prefrontal** (razón y regulación emocional).

El **Dr. Gabor Maté** señala que el trauma no siempre deja huellas visibles, pero sí provoca síntomas persistentes: dificultades para confiar, sensación de vacío, irritabilidad crónica, conductas de autosabotaje o vínculos basados en la dependencia emocional.

En este capítulo se aborda también lo que el **Dr. Stephen Porges** denomina *neurocepción de amenaza*: la percepción inconsciente del entorno como peligroso, incluso cuando racionalmente sabemos que ya estamos a salvo. Por eso, sanar implica *reeducar el sistema nervioso*, no solo *pensar distinto*.

Sanar el trauma no es solo recordar lo vivido.
Es dejar de reaccionar como si aún estuvieras en guerra…
cuando ya no hay enemigo presente.

Sanar implica también cultivar la resiliencia emocional, permitiéndonos sentir y expresar lo que hemos guardado. Es un proceso que nos lleva a reconfigurar nuestras respuestas, a aprender a decir no, a crear límites saludables. A veces, esta transformación puede ser dolorosa, pues enfrentar el pasado puede reabrir heridas, pero es esencial para un verdadero renacer.

La sanación no es lineal; hay avances y retrocesos. Hay días en que la carga parecerá más ligera, otros en que será difícil levantar la mirada. Es crucial rodearnos de apoyo, de personas que comprendan este viaje y que nos ayuden a mantener nuestra conexión con la realidad.

La práctica del autocuidado, como el ejercicio y la meditación, son herramientas poderosas que nos ayudan a anclarnos en el presente. Recuerda que sanar es un viaje personal, un acto de amor hacia nosotros mismos que nos permite despojarnos del peso del pasado para abrazar un futuro lleno de posibilidades.

Análisis psicológico y neurocientífico

Sanar un trauma no es solo cuestión de voluntad ni de intelecto. El trauma no habita en la lógica, sino en el cuerpo. Como lo han demostrado investigaciones recientes, la sanación verdadera requiere integrar mente, sistema nervioso y memoria emocional.

Desde la psicología somática, se ha confirmado que *el cuerpo guarda aquello que la mente no pudo procesar*. Las experiencias traumáticas, especialmente aquellas sostenidas en el tiempo como el maltrato emocional o la negligencia afectiva, alteran profundamente los mecanismos internos de supervivencia. No se trata de "recordar para sanar", sino de *reentrenar al cuerpo para que deje de vivir como si aún estuviera en peligro*.

El **Dr. Bessel van der Kolk** explica que el sistema nervioso de una persona traumatizada permanece atrapado en un bucle de hipervigilancia. Esto provoca respuestas de lucha, huida o congelamiento ante estímulos que, en realidad, no representan un peligro real. El pasado se reactiva en el presente, generando síntomas como insomnio, ansiedad, disociación, y dificultad para estar plenamente en el aquí y ahora.

Por su parte, el **Dr. Stephen Porges**, con su *teoría polivagal*, introduce el concepto de *neurocepción*: la capacidad del sistema nervioso para detectar seguridad o amenaza incluso antes de que la mente sea consciente de ello. Cuando alguien ha vivido traumas relacionales o afectivos, su sistema interpreta las relaciones humanas como riesgosas, y activa mecanismos de defensa automática. No se trata de una "mala actitud", sino de una respuesta biológica condicionada.

El **Dr. Gabor Maté** añade que el trauma no radica en el hecho en sí, sino en lo que ocurre dentro de la persona como resultado de lo vivido. Muchas veces, no fue el evento en sí lo que causó el daño, sino el haberlo atravesado en soledad, sin contención, sin un otro que pudiera ayudar a regular el dolor. Esa falta de conexión segura fragmenta la identidad y genera un tipo de sufrimiento que se repite silenciosamente en la vida adulta.

A nivel neurobiológico, se ha demostrado que el trauma altera la plasticidad cerebral, modificando las conexiones sinápticas en áreas clave como la **amígdala** (alerta y miedo), el **hipocampo** (memoria emocional) y la **corteza prefrontal** (regulación y toma de decisiones). Esto explica por qué, incluso años después, ciertos olores, tonos de voz o situaciones sociales pueden activar respuestas desproporcionadas. No es exageración. Es memoria corporal.

Sin embargo, el cerebro también tiene la capacidad de *reconfigurarse*. A través de prácticas como la respiración consciente, la terapia somática, la conexión empática y los espacios seguros, se puede ir desactivando el patrón de amenaza constante y activando circuitos de calma, pertenencia y autorregulación.

Sanar no es olvidar lo que pasó.
Es enseñarle al cuerpo que *ya pasó*.
Y ofrecerle, poco a poco, nuevas experiencias que reescriban su historia desde un lugar de amor, respeto y presencia.

❤ Para ti, lector

Quiero hablarte directamente.
A ti, que quizás te has preguntado por qué sigues sintiendo miedo…
por qué reaccionas con angustia aunque ya no estés en peligro…
por qué a veces algo tan pequeño te desborda sin explicación lógica.

Déjame decirte esto con todo el respeto que merece tu historia:
no estás roto… estás herido.
Y lo que sientes no es locura, es memoria corporal. Es tu sistema protegiéndote, incluso cuando ya no hace falta.

Tal vez ya saliste del entorno que te dañaba. Tal vez lograste alejarte, construir algo nuevo, empezar de cero. Y sin embargo, hay días en los que todo vuelve: el sobresalto, la culpa, la vergüenza, la necesidad de complacer para que no te rechacen otra vez.

No te juzgues. Tu cuerpo aún está aprendiendo que ahora puede confiar.

Sanar no es un acto lineal ni mágico.
Es un proceso íntimo, profundo, lento… a veces doloroso, a

veces luminoso.

Y está bien si no tienes todas las respuestas.

Está bien si un día sientes que avanzaste y al siguiente te duele respirar.

Lo importante es que sigas volviendo a ti.

El trauma no desaparece ignorándolo.

Se transforma cuando lo sostienes con amor, cuando lo miras con compasión y cuando le das espacio a nuevas experiencias para que reescriban tu biografía emocional.

Hoy quiero regalarte esta certeza:

no estás solo.

No estás sola.

Hay otros —como tú, como yo— que están caminando hacia la sanación.

Y aunque el camino a veces parezca invisible, existe.

Está dentro de ti.

Tu historia no termina en el trauma.

Puede empezar —de verdad— en la decisión de liberarte.

Guía terapéutica: Reentrenar el cuerpo para sentirse a salvo

1. Escanea tu cuerpo sin juicio

Toma un momento en silencio. Cierra los ojos y lleva tu atención a tu cuerpo. ¿Dónde sientes tensión, peso, frío, dolor o vacío? No lo juzgues. Solo obsérvalo. Di en voz baja:

"Estoy aquí, cuerpo mío. No te dejaré solo."

2. Reconoce tu primera reacción automática

Recuerda una situación reciente que te haya alterado emocionalmente. No importa si fue pequeña. ¿Cuál fue tu reacción automática? ¿Quisiste huir, callar, complacer, atacar? Escríbelo. Luego anota:

"Esa fue una respuesta aprendida para sobrevivir. Ya no la necesito en este momento."

3. Crea una frase de seguridad corporal

Diseña una frase corta que funcione como ancla para calmarte en momentos de ansiedad. Por ejemplo:

- *"Ahora estoy a salvo."*

- *"No hay peligro aquí."*

- *"Mi cuerpo puede descansar."*

Repite esta frase cada vez que tu sistema nervioso se altere, como si hablaras a tu niño interior.

4. Realiza una respiración de descarga emocional

Inhala profundo por la nariz contando hasta 4, retén 2 segundos, y exhala lentamente por la boca contando hasta 6.
Hazlo 5 veces seguidas. Mientras lo haces, visualiza que el aire se lleva el miedo acumulado.
Repite esta práctica una vez al día, como un acto de limpieza emocional.

5. Haz una pausa de reconexión diaria

Cada noche, antes de dormir, pon tu mano sobre el pecho y otra sobre el abdomen. Di:
"Estoy aprendiendo a confiar. Estoy aprendiendo a quedarme conmigo."
Permanece así al menos 3 minutos. Tu cuerpo necesita pruebas repetidas de que ya no está en guerra.

6. Libérate del "debería estar mejor"

Escribe una carta a ti mismo comenzando con:
"Perdón por exigirme sanar más rápido..."

Y termina con: *"Hoy entiendo que mi tiempo de sanación es perfecto, porque es el mío."*

Este ejercicio desactiva la presión autoimpuesta que muchas personas sienten al querer "sanar rápido".

Reflexión final

No estás roto.

Estás herido.

Y eso *sí* tiene solución.

A veces sentimos que algo en nosotros ya no funciona, que estamos demasiado dañados, que no podemos confiar, que no sabemos cómo amar sin miedo. Pero *no es que estés fallando*... es que tu cuerpo aún cree que sigue en peligro.

Tu historia no terminó en el dolor. *Lo que viviste te marcó, sí... pero no te definió.* Hoy puedes elegir una nueva forma de vivir: una donde tu pasado no dicte tu presente, donde el miedo no sea quien toma las decisiones, donde tu cuerpo pueda volver a sentir seguridad *sin pedir permiso.*

Tal vez has hecho mucho por los demás. Tal vez aprendiste a sonreír mientras por dentro gritabas. Pero hoy, por primera vez, puedes comenzar a hacer algo por ti. *No necesitas gritar tu historia para que sea válida.* No necesitas que todos la comprendan. **Solo tú tienes que honrarla.**

Sanar no es olvidar.
Es *recordar sin que te duela igual.*
Es saber que *lo que pasó no define lo que mereces.*
Es dejar de vivir desde la herida... **y empezar a vivir desde la libertad.**

Estás aquí, leyendo esto.

Eso ya dice mucho de tu valentía.

Y aunque el proceso sea lento, cada paso hacia ti cuenta.

Cada respiración consciente. Cada límite que aprendes a poner.

Cada abrazo que logras darte.

Tu sanación no es un destino, es un regreso.

Y tú estás volviendo… **a ti.**

Bibliografía

- **Maté, G.** (2022). *El mito de la normalidad: Trauma, enfermedad y sanación en una cultura tóxica.* Editorial Gaia.

- **Porges, S.** (2011). *The Polyvagal Theory: Neurophysiological Foundations of Emotions, Attachment, Communication, Self-Regulation.* W. W. Norton & Company.

- **van der Kolk, B.** (2015). *El cuerpo lleva la cuenta: Cerebro, mente y cuerpo en la superación del trauma.* Editorial Kairós.

8. ESCUCHAR A LA NIÑA ROTA

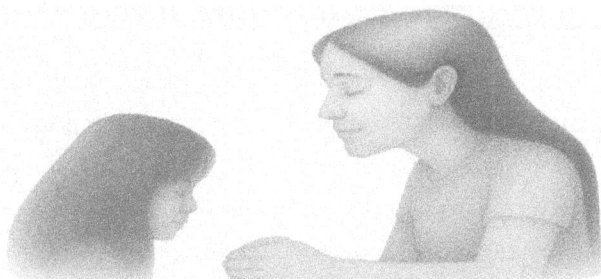

El pasado no quedó atrás, pero dejó de pesar

Testimonio simbólico – *"Camilo, 44 años"*

"Soy médico, padre de dos hijos, exitoso profesionalmente. Pero no podía sostener una conversación emocional sin sentirme vulnerable. Me molestaban las críticas, evitaba el afecto y tenía estallidos que no entendía.

Un día, en plena consulta con un paciente ansioso, lo vi con claridad: ese niño que yo fui estaba pidiendo ayuda a través de mis propias reacciones.

Y ese día entendí que aún estaba roto… pero que podía empezar a sanar."

Mi historia

"Escuchar a tu niña interior es recordarle que nunca estuvo sola."

Durante mucho tiempo pensé que **sanar** era solo cuestión de voluntad. Creía que bastaba con **avanzar, estudiar, trabajar duro, formar una familia, cumplir metas.** Suponía que, si lo hacía todo bien, *lo de adentro se acomodaría solo.*

Pero llega un momento en la vida en que **todo parece estar en orden por fuera… y, aun así, algo sigue doliendo** sin razón aparente.

Me descubrí **reaccionando de forma desproporcionada** ante cosas pequeñas. Me **exigía** hasta el límite. Me **culpaba** por sentir, por no estar siempre bien. Una **tristeza inexplicable** aparecía en los momentos menos esperados, como un *eco lejano que nunca terminaba de irse.*

Entonces lo entendí: no importaba cuánto hubiera logrado como adulta… había **una niña rota dentro de mí** que seguía **pidiendo ser vista.**

Y ella **no hablaba con palabras.**
Hablaba con *cansancio.*
Con *miedo.*
Con *enojo contenido.*
Con una **necesidad constante de validación.**
Con **síntomas físicos,** tensiones musculares y bloqueos emocionales.
Con mis **dudas,** mi **autoexigencia** y mis **silencios.**

Hasta que **no decidí escucharla, nada fue suficiente.**

Sanar **no fue un proceso rápido.** Pero sí fue real. Y comenzó el día en que acepté que, sin importar quién sea hoy, **si no miro lo que fui, mi presente seguirá lleno de ecos del pasado.**

🧠 Análisis psicológico y neurocientífico

El concepto de *"niño interior herido"* ha sido ampliamente desarrollado por autores como **John Bradshaw, Carl Jung,** y, más recientemente, por **Gabor Maté** y **Bessel van der Kolk.**

Este niño interior no es una simple metáfora emocional: representa la dimensión psíquica de nuestras vivencias tempranas no resueltas que, de forma inconsciente, siguen manifestándose en la vida adulta.

Desde la **neurociencia afectiva**, se ha demostrado que el trauma infantil —especialmente cuando es *silencioso, emocionalmente negado o crónicamente invalidado**— deja una huella profunda en las estructuras cerebrales.

El **sistema límbico**, particularmente la *amígdala*, se hiperactiva ante estímulos que otras personas podrían considerar mínimos, mientras que la **corteza prefrontal** —encargada de la regulación emocional, el juicio y la empatía— se desregula, dificultando la interpretación equilibrada de la realidad emocional.

Como explica **Gabor Maté**, *"el trauma no es lo que te pasó, sino lo que ocurrió dentro de ti como resultado de lo que te pasó"*. Esa alteración interna puede permanecer latente durante años, incluso en personas que se perciben como funcionales, exitosas o emocionalmente estables.

Bessel van der Kolk, en su libro *El cuerpo lleva la cuenta*, sostiene que los recuerdos traumáticos no procesados se almacenan en el cuerpo. Por eso, las emociones reprimidas o las heridas no elaboradas tienden a expresarse a través de *síntomas físicos* (dolores persistentes, insomnio, contracturas, fatiga crónica, reacciones desproporcionadas) o *patrones repetitivos* en las relaciones interpersonales.

Desde la perspectiva del desarrollo emocional, cuando un niño crece sin **validación**, **protección** o **afecto coherente**, aprende a adaptarse a través de una estructura defensiva:

reprime emociones, oculta necesidades, normaliza el desamor. Sin embargo, esa represión no desaparece: *se acumula, se somatiza y, más adelante, puede emerger como ansiedad, vacío existencial, perfeccionismo extremo o hipervigilancia emocional.*

Sanar, entonces, no es olvidar ni minimizar lo vivido.
Es *darle un lugar, nombrarlo, reconocerlo con compasión.*
Es aprender a sostenerse desde el presente, sin seguir repitiendo los ecos del pasado.

💔 Para ti, lector

Quiero que hoy hagas una pausa y pienses en **esa parte de ti que tal vez has ignorado por años.** No me refiero a tu rol como adulto, a tus responsabilidades o a todo lo que haces bien. Me refiero a **esa voz suave** —*o a veces silenciada*— **que sigue pidiendo ser escuchada.**

Esa voz puede manifestarse en **tu irritación repentina**, en **tu cansancio constante**, en *esa sensación de que nunca es suficiente*, incluso cuando lo das todo. Puede estar en **tus ganas de huir** sin saber exactamente de qué, o en **ese nudo en la garganta** que aparece sin aviso.

No necesitas entenderlo todo de inmediato. *Lo importante es que empieces a reconocer que esa parte de ti existe,* **que no está exagerando** y **que tiene derecho a ser escuchada.**

Tal vez, como yo, **has creído que "seguir adelante" era suficiente.** Que acumular logros curaría lo que dolía por dentro. *Pero a veces, avanzar sin mirar atrás es como caminar con una herida abierta:* **tarde o temprano sangra.**

Hoy quiero invitarte a hacer algo diferente: **dejar de correr** y *detenerte lo suficiente* para **mirar a esa parte tuya que sigue**

esperando tu atención. Puede que te asuste, que te incomode o que te parezca innecesario, *pero ahí está el verdadero inicio de tu sanación.*

No se trata de *quedarte atrapado en el pasado*, sino de **reconocerlo para que deje de tener poder sobre tu presente.**

Esa niña o niño que fuiste **no necesita que lo critiques** ni **que lo juzgues.** *Solo quiere saber que no lo dejarás solo otra vez.*

Si quieres, puedo ahora crear la **Guía terapéutica** para este capítulo con el mismo uso de negritas y cursivas para mantener unidad visual y emocional.

Guía terapéutica: Escuchar a tu niña interior

1.   Ponle un nombre a tu herida
Toma un cuaderno y escribe *qué situaciones, palabras o actitudes* te siguen doliendo hoy. No lo hagas para culpar a nadie, sino para **reconocer que ese dolor es real.** Nombrar tu herida es **el primer paso para que deje de gobernarte en silencio.**

2.   Identifica cómo se comunica tu niña interior
Pregúntate: *¿Aparece en mis miedos, en mi enojo, en mi necesidad de aprobación, en mi dificultad para descansar?* Reconocer sus formas de expresión te ayudará a **responderle con cuidado y no con juicio.**

3.   Crea un espacio seguro diario
Dedica al menos **10 minutos al día** a algo que tu niña interior disfrute: *dibujar, escuchar música, escribir, mirar el cielo, jugar.* **Ese momento no es pérdida de tiempo,** es inversión en tu bienestar emocional.

4. Háblale con compasión:

- Frente al espejo o en voz baja, di frases como:

  ✓ *"Te veo y te escucho."*

  ✓ *"Ya no estás sola."*

5. "Hoy me quedo contigo."
Repetirlo a diario **fortalece el vínculo contigo misma** y reprograma la sensación interna de abandono.

6. Pon límites para protegerla
Imagina que tu niña interior está a tu lado. Pregúntate: *¿La expondría a esta persona, situación o trato?* Si la respuesta es **no**, entonces **tampoco te expongas tú.** Tus límites son **su escudo.**

7. Escribe una carta de cuidado
Escríbele una carta que empiece con: *"Querida niña, hoy entiendo que…"* y termina con: **"Prometo escucharte y cuidarte cada día de mi vida."** Guárdala en un lugar especial para releerla cuando sientas que vuelves a olvidarte de ti.

⚘ Reflexión final

Sanar no siempre significa **cerrar un capítulo y olvidarlo.** A veces significa *quedarte un momento más con tu herida,* mirarla con paciencia y decirle:
"No voy a dejarte sola otra vez."

Tal vez has pasado años intentando *ser fuerte, productiva, perfecta,* creyendo que así la niña que fuiste se sentiría orgullosa. Pero **ella no quiere tus logros… quiere tu abrazo.** Quiere que la mires sin prisa, que le creas cuando dice que dolió, que no minimices lo que sintió.

Recuerda: **no puedes sanar lo que niegas**, y *no puedes cuidar lo que ignoras.*
Tu niña interior sigue ahí, esperando que le demuestres que ahora sí tiene a alguien que la protege.

Escucharla no es un retroceso, es el mayor acto de amor propio.
Porque cuando te atreves a estar presente para ella, también aprendes a estar presente para ti.
Y entonces... *la mujer que eres y la niña que fuiste pueden caminar juntas, sin miedo y sin silencio.*

Bibliografía

- **Bradshaw, J.** (1990). *Homecoming: Reclaiming and Championing Your Inner Child.* New York: Bantam.

- **Jung, C. G.** (1964). *Man, and His Symbols.* New York: Doubleday.

- **Maté, G.** (2003). *When the Body Says No: Exploring the Stress-Disease Connection.* Toronto: Vintage Canada.

- **Van der Kolk, B.** (2014). *The Body Keeps the Score: Brain, Mind, and Body in the Healing of Trauma.* New York: Viking.

9. SANAR PARA NO HEREDAR EL DOLOR

"Educar no es sólo corregir,
también es sanar nuestras

Testimonio simbólico – "Valeria, 39 años"

"Tenía un miedo profundo de repetir la historia de mi madre. Pero sin darme cuenta, la estaba reviviendo en mí.

Le gritaba a mi hijo con las mismas frases que a mí me destrozaron.

Hasta que un día, lo vi esconderse. No del castigo… sino de mi rostro desbordado por el enojo.

No era rebeldía lo que temía: era a mí.

Ese momento me rompió. Porque supe que no bastaba con desear ser distinta.

Tenía que sanar de raíz lo que me convirtió en eso que tanto temía.

Por él. Por mí. Por todas las historias que merecen escribirse sin miedo.

✍ Mi historia

Sanar nuestra historia no borra el pasado, pero cambia el futuro. Y ese futuro tiene nombre: nuestros hijos.

Cuando me convertí en madre, muchas emociones florecieron: *amor, ternura, esperanza…* pero también *miedo, culpa* y reacciones que no comprendía.

Me descubrí gritando cuando no quería, frustrada sin razón aparente, siendo excesivamente exigente y perdiendo el equilibrio.

Entonces lo entendí: **el problema no era mi hijo… era mi historia no resuelta.**

No se trataba solo de educar *"mejor"*.
Se trataba de **sanar lo que no quería heredar.**

Porque criar no es únicamente guiar: es transmitir *con el cuerpo, con el tono, con el silencio…* todo aquello que habita en nosotros.

No bastaba con prometer que sería diferente.
Tenía que **convertirme** en una madre diferente *desde mis raíces emocionales.*

Ahí comprendí que el verdadero legado no son solo *estudios, viajes o palabras bonitas.*
El mejor regalo para mis hijos es **un sistema nervioso en calma, una voz que no hiera, un abrazo que no repita el abandono.**

Ser madre no es solo un acto de amor: es **una responsabilidad profunda** que exige *compromiso, consciencia y salud emocional.*
Nuestros hijos absorben lo que somos, incluso aquello que intentamos ocultar.

Por eso, **sanar no es un lujo: es una necesidad.**
Una forma de **cortar con el dolor heredado.**
Una forma de **liberar a quienes amamos** de cargar con lo que nunca les correspondió.

Sanar por mí... para no repetir.

Análisis psicológico y neurocientífico

La maternidad puede convertirse en un espejo emocional que revela —de forma cruda y espontánea— heridas de la infancia aún no sanadas. Este fenómeno ha sido ampliamente abordado por autores como **Gabor Maté**, quien afirma: *"No podemos dar lo que no hemos recibido. Y sin conciencia, inevitablemente transmitimos nuestro trauma a nuestros hijos."*

Desde la **neurociencia afectiva**, **Daniel Siegel** y **Tina Payne Bryson** han demostrado que el cerebro de una madre o padre bajo estrés crónico no solo afecta su propio bienestar, sino también **moldea la arquitectura cerebral del niño**. Cuando un adulto vive en modo de supervivencia, debido a traumas no resueltos, se activa de forma persistente el **eje HPA (hipotálamo–pituitaria–adrenal)**, elevando los niveles de **cortisol**. Esta sobrecarga hormonal compromete la regulación emocional y se expresa en gritos, irritabilidad, desconexión afectiva o reacciones desproporcionadas.

El neuropsiquiatra **Bruce Perry** advierte que *"los niños no aprenden de lo que les decimos, sino del estado emocional que les transmitimos."* Por eso, **sanar no es un lujo personal, es una responsabilidad intergeneracional**.

Ser una madre (o padre) consciente implica comprender que educar no se limita a corregir conductas externas, sino que requiere **trabajar en las propias emociones no expresadas**. Un niño no escucha solo nuestras palabras: **siente nuestro sistema nervioso**. Se impregna de nuestras emociones, aun cuando intentemos ocultarlas.

La psicoterapeuta **Alice Miller** lo resume con precisión: *"El amor real no se basa en sacrificios, sino en la capacidad de ofrecer al otro una versión más sana de uno mismo."*

Incluso desde el campo de la **epigenética del trauma**, investigaciones de la doctora **Rachel Yehuda** han demostrado que los hijos de sobrevivientes de traumas graves —como el Holocausto— presentan **alteraciones en genes reguladores del estrés**, aun sin haber vivido el trauma directamente. Es decir, las heridas emocionales no resueltas pueden transmitirse biológicamente, generación tras generación.

Por eso, cuando un adulto inicia su proceso de sanación, **no solo transforma su presente**: también **interrumpe la herencia emocional y biológica que sus hijos podrían cargar sin comprender.**

Sanar es una forma de amor consciente.
Una forma de decir: "conmigo, el dolor heredado se detiene."

💜 **Para ti, lector**

Quiero que hoy pienses en esto: *todo lo que no sanamos... alguien lo hereda.*
A veces no son nuestras palabras las que hieren, sino nuestros silencios, nuestras miradas cansadas, nuestros gestos duros cuando no encontramos otra forma de reaccionar.

Tal vez, como yo, juraste que nunca repetirías la historia que te marcó.
Y, sin embargo, en algún momento te descubriste actuando como quien te lastimó... no porque quisieras, sino porque tu cuerpo y tu mente aprendieron a reaccionar así.

No te digo esto para culparte, sino para recordarte que **el amor no basta si el dolor sigue intacto.** Los hijos perciben más de lo que creemos: leen la tensión en nuestra voz, sienten el peso de nuestro estrés, absorben nuestras inseguridades aunque nunca las nombremos.

Sanar para no heredar el dolor es un acto de amor que empieza en ti.

Es mirarte al espejo y preguntarte:

"¿Quiero que mis hijos aprendan a amarse como yo me amo? ¿A hablarse como yo me hablo? ¿A tratarse como yo me trato?"

No podemos dar paz si vivimos en guerra con nosotros mismos.

No podemos enseñar ternura si nunca la practicamos con nuestra propia historia.

No podemos pedirles que se regulen si nosotros aún no hemos aprendido a calmarnos.

Por eso, *sanar no es un lujo personal, es un legado emocional.*

Cada vez que eliges respirar antes de gritar, poner un límite sin violencia o reconocer tu error, estás construyendo un puente nuevo hacia la siguiente generación.

Quiero que recuerdes algo:

Tus hijos no necesitan que seas perfecto… necesitan que seas **consciente.**

Que sepas detenerte, pedir perdón, y mostrarles que sanar es posible incluso después del dolor.

Ese es el regalo más grande que puedes dejarles: un ejemplo vivo de que **la historia sí puede cambiar.** Que no estamos condenados a repetir las heridas del pasado y que siempre existe la posibilidad de escribir un capítulo distinto, más consciente, más libre y lleno de amor.

🧭 Guía terapéutica: Sanar para no heredar el dolor

1. Identifica los patrones que no quieres repetir

Haz una lista honesta de frases, gestos, reacciones o silencios que te lastimaron en tu infancia y que *temes reproducir*. Escríbelo sin censura. Luego, márcalos como *"alertas personales"* para que puedas detenerte antes de repetirlos.

2. Haz una pausa consciente antes de reaccionar

Cuando sientas que vas a estallar, detente. Inhala profundamente contando hasta 4, mantén el aire 2 segundos y exhala contando hasta 6.

En ese instante, recuerda: "Estoy eligiendo no heredar este dolor".

3. Practica el "modelo espejo"

Pregúntate: *"Si mi hijo imitara este momento exacto, ¿me sentiría orgulloso?".*

Si la respuesta es no, ajusta tu tono, tus palabras o tu postura antes de continuar.

4. Sana tu propio vínculo interno

Dedica 5 minutos al día a decirte en voz alta frases de reparación como:

- "Me perdono por no haber sabido hacerlo mejor antes."

- "Hoy estoy aprendiendo nuevas formas de amar."

- "Mis hijos merecen lo mejor de mí, y yo también."

5. Involucra a tu hijo en tu proceso

Si reaccionaste mal, *nómbralo y repara*:

"Perdona mi tono, estaba alterada. No fue tu culpa."

Esto no te debilita: te humaniza y le enseña que el amor incluye responsabilidad.

6. Crea un ritual familiar de calma

Puede ser leer juntos antes de dormir, tomar un té mientras conversan, o salir a caminar en silencio. Estos espacios de conexión se convierten en recuerdos que reemplazan los momentos de tensión.

7. Busca apoyo cuando lo necesites

No tienes que sanar sola. Terapia, grupos de crianza consciente, libros y talleres pueden darte herramientas para transformar tu forma de relacionarte.

Recuerda: pedir ayuda no es debilidad, es una inversión en el futuro emocional de tu familia.

Reflexión final

Sanar no es un acto egoísta: *es un acto de amor que se extiende más allá de ti.*

Cuando eliges mirar tu historia y transformar lo que duele, *no solo te liberas tú… liberas a quienes amas de cargar con un peso que no les pertenece.*

Nuestros hijos no necesitan padres perfectos: *necesitan padres presentes, coherentes y capaces de reconocer sus errores.* Necesitan sentir que *su hogar es un lugar donde el amor no se contradice con la calma, y donde el afecto no se diluye en el enojo.*

Recuerda: *lo que no sanas, lo transmites.*

A veces en palabras, otras en silencios, gestos, miradas o reacciones. Y lo más poderoso es que *el mismo canal por el que puede viajar el dolor… también puede viajar la sanación.*

Tal vez hoy sientas que es tarde, que has repetido demasiado. Pero la verdad es que *nunca es tarde para cambiar el final de una historia.* Cada vez que *eliges escuchar antes de gritar, respirar antes de juzgar, abrazar antes de herir...* estás reescribiendo el guion de tu familia.

Sanar para no heredar el dolor es un compromiso diario. No siempre será fácil, pero cada día que lo intentas, tu hijo recibe un mensaje silencioso pero inmenso: *"Aquí, conmigo, estás a salvo."*

Y ese, será siempre, *el legado más valioso que puedas dejar.*

Bibliografía

- **Maté, G.** (2010). *In the Realm of Hungry Ghosts: Close Encounters with Addiction.* Vintage Canada.

- **Siegel, D., & Payne Bryson, T.** (2011). *The Whole-Brainchild.* Delacorte Press.

- **Perry, B. D., & Szalavitz, M.** (2006). *The Boy Who Was Raised as a Dog.* Basic Books.

- **Miller, A.** (1990). *El drama del niño dotado.* Tusquets Editores.

- **Yehuda, R.** (2015). *Biology of PTSD: From Brain to Mind.* Oxford University Press.

10. EL ESPEJO QUE ME MOSTRÓ LA VERDAD

Verme en verdad, me hizo libre.

Testimonio simbólico – Luis, 40 años

"Pasé la vida entera intentando agradar: a mi familia, a mi pareja, consciente o inconscientemente, a todo el que me rodeaba. Me adaptaba, callaba, sonreía… pero dentro de mí todo era tensión, insatisfacción, impotencia. A veces me enojaba conmigo mismo. Un día, mi cuerpo me lo gritó: crisis de ansiedad, aumento de peso, fatiga, mareos."

Mi historia

Me miré al espejo… y no sabía quién era. *O quizás sí lo sabía, pero no quería reconocerlo.*

Mi historia

Me miré al espejo… y no sabía quién era.

O quizás sí lo sabía, pero no quería reconocerlo.

Había pasado tanto tiempo intentando complacer, adaptarme y cumplir expectativas ajenas que terminé **traicionándome a mí misma**. Vivía por ellos y para ellos. Eso es exactamente lo que ocurre cuando permites que otros definan tu existencia: **sientes que tu vida no te pertenece**.

Me señalaba internamente, me culpaba por ser como era y me exigía cambiar. Todo esto sin darme cuenta de que no me aceptaba. No me daba permiso de existir tal como era. En esa negación, anulaba mis deseos, emociones y necesidades. **Me desconectaba de mí para encajar con los demás**.

Aprendí a vivir en modo automático: **sonriendo por fuera y gritando por dentro**. Haciendo lo que debía, no lo que quería. Porque dentro de mí había una creencia envenenada: *"si no agradaba, no merecía amor"*. Y bajo esa idea, me convertí en todo lo que los demás necesitaban… menos en quien realmente era yo.

Con el tiempo comprendí que esas huellas de infancia — el miedo a no ser suficiente, la necesidad de aceptación, el temor al rechazo— moldeaban mis pensamientos, mis vínculos y mi identidad. Cada vez que decía "sí" cuando quería decir "no", cada vez que buscaba aprobación externa sin darme la propia, estaba actuando desde una herida inconsciente.

Hasta que un día, después de repetir el mismo patrón en distintas circunstancias con diferentes personas, lo vi claro: **esa conducta me estaba destruyendo**.

Y entonces, aprendí.
Aprendí que **decir "no" es sano**.
Que **dejar de complacer es reconfortante**.
Que **ponerme primero no es egoísmo: es una forma legítima de amor propio**.

Aprendí a mirarme con compasión, y al hacerlo, descubrí algo revelador: cuando uno se transforma interiormente, el mundo exterior lo percibe. Las relaciones cambian. La energía cambia. Al principio parece imperceptible… pero luego, esa transformación se vuelve tangible.

No es solo lo que sientes internamente: **es lo que proyectas externamente**. Porque cuando tu interior sana… tu exterior florece.

Análisis psicológico y neurocientífico

La necesidad constante de agradar y complacer a los demás, conocida como *people pleasing*, suele tener raíces profundas en experiencias de infancia donde el afecto, la aceptación o el reconocimiento estaban condicionados al cumplimiento de expectativas ajenas. Este patrón no es una simple preferencia de personalidad: es una **respuesta adaptativa** aprendida para sobrevivir emocionalmente en entornos donde ser uno mismo implicaba riesgo de rechazo, crítica o abandono.

El médico y autor **Gabor Maté** explica que, cuando un niño percibe que su valor depende de agradar, aprende a reprimir partes de su identidad para preservar el vínculo con sus figuras de apego. Con el tiempo, esta adaptación se convierte en un mecanismo automático que, en la adultez, se traduce en dificultad para poner límites, miedo al conflicto y autoanulación emocional.

Desde la neurociencia, **Daniel Siegel** sostiene que vivir en un estado crónico de *hipervigilancia social* activa de forma persistente el sistema nervioso simpático. Esto mantiene al cuerpo en un nivel elevado de cortisol y adrenalina, lo que puede generar ansiedad, insomnio, agotamiento y síntomas psicosomáticos. El cerebro, especialmente la amígdala, interpreta la desaprobación ajena como una amenaza real, activando respuestas de defensa incluso ante situaciones no peligrosas.

El neuropsiquiatra **Bessel van der Kolk** describe que *"el cuerpo lleva la cuenta"* (*the body keeps the score*): cada vez que una persona se traiciona para complacer, su sistema nervioso registra la experiencia como estrés, debilitando su sentido interno de seguridad. Esto explica por qué el "sí" forzado genera incomodidad física, tensión muscular y fatiga emocional.

La psicoterapeuta **Harriet Braiker** identificó que quienes viven para complacer experimentan un deterioro progresivo de la autoestima, ya que la validación externa nunca es suficiente para cubrir la carencia interna. Sin intervención consciente, el patrón se refuerza y limita la capacidad de tomar decisiones basadas en deseos y valores propios.

Incluso la investigación en neuroplasticidad ha demostrado que es posible **reentrenar el cerebro** para salir de este ciclo. A través de la práctica de límites claros, la autocompasión y la exposición gradual a la desaprobación sin consecuencias reales, se fortalecen conexiones neuronales asociadas a la autorregulación y la autoafirmación.

En síntesis, dejar de complacer no es un acto de rebeldía ni egoísmo: es un proceso de **reconstrucción de la identidad** que implica restaurar la seguridad interna y enseñar al sistema nervioso que ser uno mismo no es peligroso.

💔 Para ti, lector

Tal vez tú también has vivido así: diciendo "sí" cuando querías gritar "no", sonriendo mientras por dentro todo se contraía. *Quizás te has adaptado tanto a lo que otros esperan de ti, que has olvidado cómo se siente ser tú mismo.*

Puede que lleves años pidiéndote permiso para existir, esperando el momento perfecto para mostrarte, temiendo que si dejas de complacer... perderás el amor, el trabajo o la aprobación que crees necesitar.

Pero quiero que escuches esto: **la aprobación que más importa es la tuya.** *Porque cuando te aceptas, tu vida deja de depender del aplauso ajeno.*

Sé que puede dar miedo. Poner límites puede sentirse como romper un pacto invisible con quienes esperan que siempre estés disponible. Decir "no" puede activar culpas antiguas, esas que nacieron cuando eras niño y te enseñaron que para merecer amor había que portarse "bien" y no incomodar.

Y sin embargo... **cada vez que eliges ser honesto contigo, recuperas un pedazo de tu vida.** Cada vez que priorizas tu paz sobre la complacencia, fortaleces una raíz interna que nadie puede arrancar.

No tienes que hacerlo de golpe. Empieza por cosas pequeñas: una opinión que antes callabas, un límite que antes cedías, un descanso que antes postergabas. *Cada acto de autenticidad es una victoria silenciosa contra el patrón que te apagó.*

Mírate hoy al espejo y pregúntate:
"¿La persona que veo vive para sí misma o para los demás?"

Si la respuesta te duele, no te castigues. **Ese dolor no es señal de fracaso, es señal de que estás listo para cambiar.**

Recuerda: *no naciste para encajar en el molde de nadie.* Naciste para ser la versión más fiel y libre de ti. Y eso, aunque incomode a algunos, es lo que más necesita el mundo: **personas auténticas, que se pertenezcan a sí mismas.**

🧭 Guía terapéutica: Recuperar tu reflejo real

1. Practica el "minuto de honestidad"

Una vez al día, detente frente al espejo y pregúntate: *"¿Qué necesito hoy que no me he dado?"*. Respira y escucha la respuesta sin juzgarla. Esto entrena a tu cerebro a reconocer tus propias necesidades antes de priorizar las ajenas.

2. Detecta tus "sí" automáticos

Durante una semana, registra cada vez que dices "sí" sin quererlo. Anota la situación, la persona y cómo te sentiste después. *La toma de conciencia es el primer paso para romper el patrón de complacencia.*

3. Reescribe tu narrativa interna

Identifica una frase limitante que te repitas (por ejemplo: *"si no agrado, no valgo"*) y cámbiala por una afirmación reparadora: **"Mi valor no depende de la aprobación de nadie".** Repetirla en voz alta activa circuitos neuronales de autoafirmación y reduce la reactividad emocional.

4. Ancla corporal para momentos de presión

Cuando sientas que estás cediendo por costumbre, presiona suavemente el pulgar contra el índice mientras inhalas profundo. Asocia este gesto a la frase: *"Me permito elegir lo que me hace bien".* Con la repetición, tu sistema nervioso lo reconocerá como señal de calma y autocontrol.

5. Entrena el "no" compasivo

Practica decir "no" en voz baja y tranquila, manteniendo el contacto visual y un tono firme pero amable. *Decir "no" sin culpa envía un mensaje claro a tu cerebro: puedo poner límites y seguir siendo amado.*

6. Crea una lista de "cosas que me devuelven"

Escribe actividades, lugares o personas que te hacen sentir auténtico. Incluye al menos una en tu rutina diaria, aunque sea por 10 minutos. Esto fortalece tu identidad y previene recaídas en patrones de complacencia.

7. Haz una revisión mensual de tu reflejo

Una vez al mes, revisa si tus decisiones recientes fueron guiadas por tus valores o por el miedo a decepcionar. *La coherencia entre lo que piensas, sientes y haces es la base de una vida que se siente tuya.*

Reflexión final

Mirarte de frente, sin excusas ni máscaras, puede ser uno de los actos más valientes de tu vida.
Porque el espejo no solo refleja tu rostro… *refleja tus renuncias, tus miedos y tus olvidos.*

Aceptar quién eres no significa conformarte, significa dejar de luchar contra tu propia esencia y empezar a cuidarla. Significa entender que tu valor no aumenta cuando complaces, ni disminuye cuando pones límites.

Cada vez que te eliges, aunque el mundo no lo entienda, *le envías un mensaje a tu niño interior*: "Ahora sí estoy aquí para ti". Y ese pequeño acto de presencia transforma tu historia más de lo que imaginas.

No naciste para vivir como reflejo de las expectativas ajenas. Naciste para ser tu versión más íntegra, incluso si eso incomoda a quienes se beneficiaban de tu silencio.

Recuerda: *lo que ves en el espejo no es solo un cuerpo… es el resultado de todo lo que has sobrevivido, aprendido y decidido.*
Y a partir de hoy, puedes elegir que ese reflejo muestre a alguien que ya no vive para encajar, sino para existir en plenitud.

Cuando sanas tu mirada hacia ti, el espejo deja de ser un juez… y se convierte en tu aliado.

Bibliografía

- **Braiker, H.** (2001). *The Disease to Please: Curing the People-Pleasing Syndrome.* New York: Hyperion.

- **Maté, G.** (2010). *When the Body Says No: The Cost of Hidden Stress.* Toronto: Vintage Canada.

- **Siegel, D.** (2012). *The Developing Mind: How Relationships and the Brain Interact to Shape Who We Are.* New York: Guilford Press.

  van der Kolk, B. (2014). *The Body Keeps the Score: Brain, Mind, and Body in the Healing of Trauma.* New York: Viking.

11. CUANDO EL GAS NO FUE LO ÚNICO QUE ME ASFIXIABA

Sobreviví a lo invisible... y eso me hizo más fuerte.

Mi historia

Cuando el aire faltó, fue el amor el que me sostuvo. No me rendí. No lo permití. **Ese día, elegí la vida... y la vida nos eligió.**

El 11 de junio de 2012 fue la primera vez que la muerte nos rozó como familia.

Llevábamos ocho años de relación como pareja, con un hijo de siete años y otro que venía en camino. Durante todo ese tiempo habíamos vivido alquilados, pero hacía apenas un mes nos habían entregado las llaves de nuestra primera casa propia. Aún estaba en obra gris, pero era nuestra, y queríamos dejarla lista antes de la llegada del segundo bebé. Cada día íbamos juntos a supervisar cómo avanzaba la construcción. Era un proyecto que no solo levantaba paredes: también levantaba sueños, ilusiones y una nueva etapa de vida.

Lo habitual en esos días era ir y venir entre la obra y el apartamento alquilado, ya que la casa aún no tenía cocina ni condiciones para quedarnos a dormir. Cada jornada terminaba en el apartamento, donde cocinábamos y descansábamos antes de empezar un nuevo día.

Pero esa noche, el destino tenía otros planes.

Luego de pasar parte del día en la obra, regresamos al apartamento como siempre. Sin embargo, en una decisión casi divina, no encendimos la estufa. Estábamos agotados y preferimos simplemente acostarnos a descansar.

De haber encendido la cocina como de costumbre, esta historia no la estaría contando.

Minutos después de acostarnos, mi hijo comenzó a quejarse. Se sentía mareado, como si el mundo le diera vueltas. Pensé que tal vez era uno de esos momentos emocionales que a veces usaba para llamar nuestra atención.

Pero luego, mi esposo comenzó a desvanecerse. Se desplomó sin previo aviso. Yo, embarazada de ocho meses, sentí que mis piernas tambaleaban. El aire se volvió espeso, el ambiente irrespirable. Algo estaba mal. Muy mal.

Lo que no sabíamos era que, durante un corte eléctrico, nuestro hijo —sin querer— había dejado abierta una de las llaves del gas. Al regresar la electricidad, el gas comenzó a filtrarse silenciosamente. No olía. No se veía. **Era un enemigo invisible.**

Entonces, algo dentro de mí se activó. Un impulso irracional, instintivo. No pensé en mí. Pensé en ellos. Ese instinto primitivo de protección emergió desde lo más profundo. Grité. Pedí ayuda. Los vecinos corrieron. Nos sacaron del apartamento. Nos llevaron a la clínica. **Nos salvaron.**

La herida volvió a abrirse

En la clínica, el médico me pidió un número de emergencia. Sin dudarlo, di el de mis padres. Y entonces ocurrió algo que me devolvió abruptamente a una vieja escena disfrazada de actualidad:

—"Ellos dijeron que no tienen dinero para ir."

No fue lo económico lo que dolió. Fue lo emocional. Una vez más, mi dolor no era suficiente razón para movilizar a nadie. Una vez más, la niña herida —aquella que siempre había esperado ser vista— se levantó desde lo más profundo para recordarme que **aún no estaba sanada**.

Pensábamos que lo peor ya había pasado. Pero no. Ese momento en la clínica fue como dos líneas paralelas chocando dentro de mí: por un lado, la oportunidad de seguir vivos —de que la vida nos eligiera— y, por el otro, un pasado no resuelto que amenazaba con derrumbarme más que cualquier fuga de gas.

Mi verdadero peligro no era el gas: era la herida no sanada que seguía respirando dentro de mí.

Los médicos seguían haciendo preguntas. Querían saber si algún familiar podía acompañarnos. Vivíamos en una ciudad donde la familia de mi esposo estaba lejos, en otro estado. Relativamente cerca, solo estaban mis padres.

Y ahí, a mis 28 años, aún habitaba en mí una parte inocente que creía. Creía que si les contaba lo que nos había ocurrido, correrían angustiados a nuestro encuentro. Creía que la urgencia, el miedo, el hecho de estar embarazada, los haría aparecer sin pensarlo.

Pero no fue así.

Sus palabras fueron una mezcla de excusas, retrasos, evasivas. Que era tarde, que no tenían cómo, que mañana veían… Pero mañana tampoco llegaron.

Y eso —eso— fue más doloroso que el propio incidente con el gas.

Porque mientras luchábamos por respirar,
mi corazón se quedaba sin el oxígeno del vínculo más básico: ser importante para quienes me dieron la vida.

Análisis psicológico y neurocientífico

Los eventos potencialmente letales, como una intoxicación por gas, pueden generar *trauma agudo*, pero cuando este tipo de vivencias se superponen con heridas emocionales previas —especialmente de la infancia—, el impacto psicológico se amplifica de forma significativa. La mente no procesa solo lo que ocurrió en el presente, sino que *reabre memorias antiguas* asociadas a abandono, desprotección o soledad.

Desde la psicología del apego, **John Bowlby** explica que las experiencias tempranas con figuras de cuidado moldean nuestro sentido interno de seguridad. Cuando, en un momento de vulnerabilidad, *las figuras significativas no responden o se muestran emocionalmente ausentes*, el cerebro interpreta la situación como una confirmación de que "no puedo contar con nadie". Esto puede provocar reacciones emocionales más intensas que la propia amenaza física.

La neurociencia muestra que, ante un peligro, el **sistema nervioso simpático** se activa liberando adrenalina y cortisol, preparando al cuerpo para luchar o huir. Sin embargo, cuando el peligro físico coincide con una *herida de apego no resuelta*, la respuesta emocional involucra también a la **amígdala**, que procesa el miedo, y al **hipocampo**, que relaciona el evento actual con recuerdos pasados, intensificando la sensación de amenaza.

Bessel van der Kolk sostiene que *"el cuerpo lleva la cuenta"* y que las experiencias de abandono o negligencia quedan registradas no solo en la memoria emocional, sino también en el cuerpo. Por eso, una persona puede sobrevivir a una intoxicación, pero seguir sintiendo "falta de aire" durante años, no por daño pulmonar, sino porque *su sistema nervioso asocia el peligro con la ausencia de cuidado.*

Este tipo de reactivación traumática puede generar síntomas persistentes como hipervigilancia, dificultad para confiar, bloqueos emocionales y *sensación crónica de soledad incluso en presencia de otros.*

La buena noticia es que, gracias a la **neuroplasticidad**, el cerebro puede reconfigurarse para recuperar la sensación de seguridad.

Procesos como la **terapia somática**, la **respiración consciente** y el **reprocesamiento de memorias** (por ejemplo, mediante **EMDR**) ayudan a que el sistema nervioso aprenda que hoy sí hay recursos, cuidado y apoyo, reduciendo la intensidad de las reacciones automáticas.

En síntesis, lo que asfixia no siempre es la falta de oxígeno: a veces, *es la ausencia de un amor seguro en el momento en que más lo necesitamos.* Reconocer esta verdad no es debilidad, es el primer paso para sanar.

💔 Para ti, lector

Tal vez tú también has vivido momentos donde el aire parecía faltar, pero no por una fuga de gas... sino por el peso invisible de una herida que nunca se cerró. Puede que hayas sobrevivido a un episodio que puso tu vida en riesgo, pero descubrieras que lo que más dolía no era el peligro físico, sino *quien no estuvo allí cuando más lo necesitabas.*

Quizás has sentido que tu verdadero asfixia no estaba en el cuerpo, sino en el alma: *la ausencia de un abrazo esperado, de una voz que corriera a tu encuentro, de la certeza de que eras importante para alguien.* Y entonces entendiste que hay vacíos que no se llenan con oxígeno... sino con amor.

Sé que recordar puede doler. Sé que a veces, el simple hecho de revivir la escena, activa esa parte de ti que todavía espera que un día las cosas sean diferentes. Pero también sé esto: *no necesitas que llegue la persona que te faltó para empezar a respirar otra vez.*

Aprenderás —y quizás ya estés aprendiendo— que *la vida que te salvó ese día sigue aquí, y eres tú quien puede sostenerla.* Que la ausencia ajena no invalida tu valor, ni la indiferencia de otros define tu merecimiento.

Hoy, mírate y reconoce: *sigues aquí.* Y estar aquí es una oportunidad que no todos reciben. Aprovecha este aliento para darte lo que un día esperaste de otros: cuidado, presencia, compromiso.

Porque aunque haya vínculos que no sepan cuidarte, tú sí puedes aprender a cuidarte a ti mismo... y ese es el oxígeno más puro que tu alma recibirá.

Guía terapéutica: Respirar con seguridad otra vez

1. Reconoce tu herida emocional primaria
Antes de enfocarte solo en lo que pasó físicamente, identifica

qué emoción más profunda despertó en ti ese momento. Pregúntate: *"¿Este miedo es solo de ahora o lo siento desde hace mucho?"*. Nombrar la herida (abandono, falta de cuidado, desprotección) es el primer paso para dejar de revivirla inconscientemente.

2. Anclaje de seguridad corporal

Si sientes que "te falta aire" cuando recuerdas la situación, coloca tu mano en el pecho y otra en el abdomen. Respira contando 4 segundos al inhalar, mantén 2 segundos y exhala en 6 segundos. Esto *indica a tu sistema nervioso que ya no estás en peligro*, regulando la respuesta de alarma.

3. Reescribe la escena

En un cuaderno, describe el momento traumático, pero añade lo que te hubiera sanado escuchar o recibir: *"Estoy aquí contigo"*, *"No estás sola"*, *"Te voy a cuidar"*. Repetirlo en voz alta *crea nuevas asociaciones neuronales de protección*.

4. Identifica redes de apoyo actuales

Haz una lista de personas, recursos o espacios a los que podrías acudir hoy en caso de emergencia. Verlo por escrito *refuerza la sensación interna de que ahora sí hay respaldo*.

5. Cierre simbólico del pasado

Escribe una carta breve a la "tú" que vivió ese momento. Dile lo que nadie le dijo, valida su dolor y reconoce su valentía. Puedes quemar la carta (como símbolo de liberación) o guardarla en un lugar especial como recordatorio de tu resiliencia.

6. Microdecisiones de autocuidado

Incorpora en tu día acciones pequeñas pero consistentes que nutran tu bienestar: beber agua lentamente, salir a tomar aire, pedir un abrazo, preparar un té. Estas prácticas repetidas *enseñan a tu cuerpo que ya no vive en constante amenaza.*

Respiración de gratitud antes de dormir

Antes de cerrar los ojos, toma **tres respiraciones profundas** y, en silencio, **nombra algo por lo que te sientas agradecida.**

Este sencillo acto no solo enfoca tu mente en lo positivo, sino que también envía señales de seguridad a tu sistema nervioso. Dormir con esta sensación activa circuitos neuronales asociados a la calma, disminuye la hipervigilancia nocturna y prepara tu cuerpo para un descanso más profundo y reparador.

Reflexión final

Quizás tú también has pasado por momentos donde el peligro no fue solo físico, sino emocional. Donde la falta de aire vino acompañada de la falta de apoyo, y descubriste que *duele más quien no llega que aquello que te pone en riesgo.*

No todos los rescates se dan con sirenas y médicos. Algunos ocurren en silencio, cuando eliges quedarte para ti, cuando decides que tu vida vale aunque otros no la sostengan. Y en esa elección está la verdadera sanación: *respirar desde adentro, sin depender del oxígeno ajeno para sentirte vivo.*

Si hoy sientes que te falta el aire emocional, detente. Respira. Recuerda que no necesitas que todos estén para ti… basta con que tú estés.

Esa presencia fiel, incluso en tus noches más oscuras, será la que te devuelva la calma y te recuerde que sigues aquí por algo.

Bibliografía

Bowlby, J. (1988). *A Secure Base: Parent-Child Attachment and Healthy Human Development.* Basic Books.

Van der Kolk, B. (2014). *The Body Keeps the Score: Brain, Mind, and Body in the Healing of Trauma.* Viking.

12. CUANDO EL CUERPO SE ROMPIÓ Y EL ALMA HABLÓ

No fue la fractura lo que dolió... fue todo lo que ya estaba roto antes.

✍ Mi historia

"A veces, es necesario que algo se rompa por fuera para que algo mucho más profundo despierte por dentro."

El nacimiento de mi segundo hijo quedó enmarcado entre dos encuentros con la muerte: **uno antes, uno después**. Y entre ambos, *la vida nos eligió*. A mí. A mi familia. **A pesar de todo**.

El primero fue la intoxicación por gas —ya contada en este libro—. El segundo, casi dos años después, fue un accidente automovilístico que partiría mi mundo en dos: el físico y el emocional.

Mi hijo menor nació el 11 de julio del 2012. El accidente ocurrió el 25 de mayo del 2014. Ese día, me sentí completamente vulnerable.

Estábamos en el estado donde vive la familia de mi esposo, compartiendo una visita familiar. En algún momento, él decidió saludar a un viejo conocido. Bastaron unos minutos para que me invadiera la incomodidad: *el hombre era misógino, dominante, hablaba de las mujeres como si fueran objetos desechables.* Ver a mi esposo reír ante sus comentarios, ceder al alcohol y convertirse en cómplice de lo inaceptable… **me hizo sentir invisible**.

Decidí irme. Me ofrecieron salir con la esposa del hombre, su hija y mis hijos a un lugar turístico cercano. Solo quería alejarme. Pero al caer la noche, mi hijo pequeño comenzó a sentirse mal. Su cuerpecito hablaba sin palabras. Le pedí a mi esposo que volviéramos. **Supliqué**. Pero él seguía bebiendo.

Cuando tomé las llaves del carro con intención de marcharme, él reaccionó. Decidió conducir. Era de noche. La vía estaba oscura. Confundió una curva con una recta.

Y entonces… **el estruendo**.

El mundo se partió en un segundo. No hubo gritos ni llanto. *Solo el golpe seco… y ese silencio posterior, el que congela el alma.*

Cuando abrí los ojos, pensé que soñaba. Todo era borroso. No sentía dolor. Ni siquiera en la pierna que, más tarde, descubriría rota. Recuerdo que, en medio de la confusión, *me vi en un útero materno.* Yo era el feto. Por un instante pensé que había muerto. Fue una imagen fugaz, como una regresión que escapó de mi mente para dejarme flotando en el desconcierto.

Mi esposo buscaba entre los restos del vehículo, gritando mi nombre. No me encontraba. Tampoco al niño. Primero me halló a mí. Yo estaba confundida. Quise incorporarme, pero **mi pierna se dobló como si no tuviera huesos**. Así supe que estaba fracturada. No por el dolor, sino por lo absurdo del colapso.

Luego… un grito:
—*¡Está aquí! ¡El niño está aquí!*

Lo encontraron a unos metros del carro. Sentado. Callado. Atemorizado. No lloraba. Solo decía bajito:
—*Duele…*

Pero nadie sabía dónde.

En la clínica, los exámenes no revelaron lesiones. Parecía ileso. Hasta que, días después, jugando en casa, su pie quedó atrapado en una gorra sobre el piso mojado. Cayó en forma piramidal… y su fémur **se partió en dos**.

Nos explicaron que ya tenía una fisura oculta, provocada por el impacto. Al no detectarla, esa herida silenciosa se transformó en fractura.

Entendí que no todos los traumas gritan al instante.
Algunos se esconden… y esperan romperse del todo cuando la vida los empuja.

Cuando el alma habló por primera vez

Meses después, mi madre tuvo que someterse a una operación. Yo estaba en la clínica, comprando los medicamentos que necesitaba. Bajé a la farmacia en silencio, enfocada en cumplir. Fue entonces cuando mi padre apareció sin previo aviso.

Al principio, sus preguntas me parecieron confusas. Luego, su tono comenzó a elevarse. Estaba alterado, paranoico. Y, sin razón aparente, empezó a insultarme mientras caminaba detrás de mí.

No respondí.

Tomé los medicamentos, regresé a la habitación. Por fuera, todo seguía igual.
Pero por dentro... *algo se rompió.*
O tal vez... *algo se terminó de reconstruir.*

Ese fue el día en que decidí que **nunca más iba a permitir una falta de respeto injustificada.** No importaba quién fuera. Padre, madre, hermano, pareja... Nadie tenía derecho a traspasar mis límites sin consecuencias.

Me alejé sin culpas.
Sin necesidad de explicaciones.
Y, por primera vez, sin dolor.

Tiempo después, mi hermana dio a luz. Me llamaron para pedir ayuda. Pregunté quiénes estaban con ella. Me dijeron que su esposo... y mi padre.

Entonces respondí, sin dudar:
—*Iré, pero papá debe irse.*

Fue en ese momento cuando él entendió que **yo ya no era la misma.**
Que la hija sumisa, la que callaba, la que aceptaba humillaciones disfrazadas de amor... *ya no existía.*

Desde entonces, si iba a hablarme, lo pensaba.
Incluso se disculpaba. Medía sus palabras. Medía su tono.

Nunca llegué a sentir su afecto real...
pero ya no lo necesitaba.

Porque, por primera vez, *me sentí segura conmigo misma.*

Entendí que no importaba lo que él hiciera o dejara de hacer.

Lo verdaderamente importante fue lo que yo hice por mí: **Me respeté. Me escuché. Me creí. Me sostuve.**

Análisis psicológico y neurocientífico

Las experiencias traumáticas no procesadas, especialmente aquellas que involucran una amenaza física o emocional real o percibida, tienden a quedar alojadas en el cuerpo como memorias implícitas. Como ha demostrado la investigación clínica y neurocientífica de autores como **Peter Levine, Pat Ogden** y **Ruth Lanius**, el trauma no se almacena solo en la memoria consciente, sino en las sensaciones corporales, reflejos de defensa y patrones de reactividad del sistema nervioso.

En momentos extremos, como un accidente automovilístico o una situación de alta amenaza, el cuerpo puede activar lo que se conoce como "respuesta de congelamiento" (*freeze response*), donde hay disociación, falta de dolor inmediato y desconexión parcial de la conciencia corporal. Lejos de ser debilidad, es un mecanismo de supervivencia ancestral. En el caso de Alexandra, la ausencia de dolor inmediato y la imagen regresiva del feto en el útero representan este tipo de reacción: el sistema neurobiológico eligió preservar la vida aislando la experiencia.

La fractura invisible de su hijo, detectada días después, simboliza también el modo en que muchos traumas emocionales permanecen ocultos, silenciados, hasta que una circunstancia menor los revela. Esta es una metáfora precisa de lo que ocurre con las heridas no vistas de la infancia: *no desaparecen, solo se encapsulan.* **Donald Kalsched** ha descrito cómo el psiquismo infantil crea mecanismos de defensa que distorsionan la realidad con tal de preservar la integridad interna cuando el entorno es amenazante.

Por otro lado, autores como **Alice Miller** y **Jean-Philippe Raynaud** han demostrado que el niño que no es visto, validado o protegido suele construir una identidad falsa, funcional, adaptada a sobrevivir, pero desvinculada de sus emociones auténticas. Esta desconexión genera adultos hipervigilantes, con dificultades para poner límites, una autoestima frágil y una tendencia a justificar el abuso en nombre del "amor".

Desde la neurociencia afectiva, estudios de **Daniel Siegel** y **Bruce Perry** han mostrado que las experiencias tempranas moldean la arquitectura cerebral. La exposición repetida al abandono, la indiferencia o la violencia verbal puede generar hiperactividad de la amígdala (centro de alarma) y una reducción funcional de la corteza prefrontal (encargada de la autorregulación y el juicio). Esto afecta la toma de decisiones, el control emocional y la percepción de seguridad interpersonal.

Lo ocurrido con el padre de Alexandra ilustra un punto clave: los vínculos pueden reactivarse y reconfigurarse, pero también pueden volverse límites claros. Su decisión de no permitir más insultos, sin violencia, sin rabia, desde la firmeza emocional, representa un acto de reestructuración neuronal. La neuroplasticidad permite eso: crear nuevas redes cuando el yo adulto toma el mando desde la conciencia.

En ese momento, no solo sanó una relación. Sanó su propia narrativa.

A ti, que te reconoces en este dolor

Quizá también te tocó cuidar a quien no te cuidó. Amar a quienes nunca aprendieron a amar sanamente. Tal vez aprendiste a callar para evitar conflictos, o sentiste que debías ganarte el afecto que merecías por derecho.

No estás solo. No estás sola.

Este capítulo también es tuyo si alguna vez tu cuerpo gritó lo que tu boca no pudo decir. Si te dolieron más los silencios que las palabras. Si sientes que has sostenido a otros mientras tú te rompías por dentro.

Tu dolor es real. Tu historia importa. Y estás a tiempo de sanar.

Y lo hice con dignidad.

Sin gritar. Sin humillar.

Con la firmeza serena de quien ha aprendido que el amor propio es la única herencia que no depende de nadie más.

Esa vez, no fue mi padre quien me dio seguridad.

Esa seguridad… me la di yo.

💔 **Para ti, lector**

Tal vez tú también hayas vivido momentos en los que el peligro no fue solo físico, sino emocional. Puede que hayas sentido que **el golpe más fuerte no vino de fuera, sino de la ausencia o el silencio de quienes esperabas que estuvieran allí.** Y en medio de esa mezcla de miedo y dolor, hayas descubierto que lo que realmente dolía no era la caída, sino la soledad que la acompañaba.

Es posible que aún lleves dentro heridas que nadie más ve: fisuras invisibles, como las que describo, que esperan el momento para fracturarse del todo. *Tal vez las cubras con rutinas, con sonrisas, con palabras medidas… pero sabes que siguen ahí.*

Este capítulo no es solo mi historia: es una invitación para que observes la tuya.
Pregúntate:
—¿A quién sigo permitiendo que traspase mis límites?
—¿Qué heridas sigo justificando por miedo a perder un vínculo?
—¿Cuántas veces he confundido compañía con cuidado real?

Sanar no siempre significa reconciliarse con todos. A veces, sanar significa **reconciliarse contigo mismo y tomar decisiones que te protejan,** incluso si eso implica cerrar puertas que nunca debieron cruzarse.

Recuerda: *nadie tiene derecho a romperte por dentro… y tú tienes todo el derecho de protegerte por fuera y por dentro.* La verdadera seguridad no siempre viene de lo que otros hacen por ti, sino de lo que tú decides hacer por ti mismo.

◎ Guía terapéutica: Cuando el cuerpo se rompe y el alma habla

1. Mapa corporal y "ventana de tolerancia"
Dedica 5 minutos a ubicar dónde sientes la activación (pecho, mandíbula, estómago). Ponle un número de 0–10 a la intensidad. *Tu meta no es "cero", sino volver a tu ventana de tolerancia (3–5).* Repite mañana y noche para reconocer patrones.

2. Protocolo 3–3–3 (respira–orienta–mueve)
Respira: 3 ciclos 4–2–6 (inhala 4, sostén 2, exhala 6).

- **Orienta**: nombra 3 cosas que ves, 3 que oyes y 3 que tocas.

- **Mueve**: activa 3 grupos musculares (manos, hombros, piernas).

Este micro-ritual le dice a tu sistema nervioso: *"ahora estoy a salvo"*.

3. Reescritura terapéutica en dos escenas

En una hoja, divide en dos columnas:

- **Escena real**: hechos + emociones + necesidad no atendida.

- **Escena protectora** (*imaginal rescripting*): tú adulta entras, pones límites, pides ayuda, te sostienes. *Lees ambas escenas en voz calma 1 vez al día por 7 días.* Reprogramas asociación de peligro → protección.

4. Reparación de apego interno (5 minutos guiados)

Cierra los ojos y visualiza a tu "yo" de ese día. Colócale una manta imaginaria, di en voz baja: *"Estoy aquí. Te veo. Te cuido"*. Coloca una mano en el pecho y otra en el abdomen. *Este gesto se convierte en tu ancla de seguridad afectiva.*

5. Guion de límites en 3 pasos (hecho–impacto–límite)

- **Hecho**: "Cuando me hablas en ese tono…"

- **Impacto**: "…me siento desregulada y no puedo cuidarme."

- **Límite**: "*Necesito* que bajes la voz o pauso la conversación y retomo luego."

Practícalo en voz alta. *La claridad reduce discusiones y protege tu recuperación.*

6. Plan SOS (red y recursos concretos)

Escribe una lista de 5 contactos (amigos, profesionales, vecinos) y qué pedirás a cada uno (llevarte a urgencias, cuidar a los niños, escucharte 15 min). Prepara una bolsita: agua, menta, nota con frases ancla, foto que te serene, lista de respiración. *Tenerlo listo baja la ansiedad anticipatoria.*

7. Cierre simbólico del evento

Escribe una carta breve a tu "yo" de la noche del accidente: valida, agradece, nombra tu fortaleza. Guarda la carta en un sobre con un objeto-ancla (piedrita, cinta, estampita). *No es olvidar: es darle un lugar seguro en tu historia.*

8. Rutina de reparación (4 pilares, 10–10–10–10)

- **Movimiento suave** 10 min (caminar/estiramientos).

- **Sol o luz natural** 10 min.

- **Respiración/meditación** 10 min.

Escritura breve 10 min (qué activó hoy + qué me calmó). Pequeñas dosis, *alta constancia.*

9. Indicadores de progreso (semanal)

Registra: horas de sueño, frecuencia de recuerdos intrusivos, intensidad de activación (0–10), veces que pusiste un límite, momentos de autocuidado. *Celebra microavances*: 1 punto menos ya es progreso.

10.   Cuándo buscar ayuda profesional

Si los síntomas (insomnio, sobresaltos, tristeza persistente, irritabilidad, evitación) duran **>4 semanas** o interfieren con tu vida, busca apoyo. Útiles: **EMDR, Terapia Somática, IFS (partes), Terapia centrada en el apego.**

Si aparecen ideas de autolesión o de no querer vivir, busca ayuda inmediata. No estás sola; pedir ayuda es una forma de vida.

◔◔Reflexión final

Sanar no es olvidar lo que pasó, ni justificarlo. Es elegir conscientemente que aquello que te hirió no siga marcando tu presente ni tu futuro.

No siempre tendrás el cuidado que mereciste… pero **puedes aprender a dártelo a ti mismo.**

Ese es el verdadero cambio: pasar de esperar a que otros reparen lo que rompieron, a **convertirte en tu propio refugio y tu mayor protector.**

Cuando comprendes que tu valor no depende de la aprobación ajena, la herida deja de ser un lugar donde sangras… y se convierte en un lugar desde donde creces.

Bibliografía

- **Bessel van der Kolk**. *El cuerpo lleva la cuenta.*

- **John Bowlby**. *Una base segura.*

- **Daniel J. Siegel**. *Cerebro y mindfulness.*

13. LA DECISIÓN DE IRNOS

A veces, el verdadero hogar empieza donde termina el dolor.

Mi historia

Irse no siempre es huir. A veces es el acto más sagrado de volver a empezar.

Después de tantos años cargando heridas, responsabilidades ajenas y silencios impuestos, sentí que **ya no podía más**. La familia me dolía, la historia me pesaba, y el país se había convertido en un espejo cruel de todo lo que no podía cambiar. Mis padres seguían dependiendo de mí económicamente, pero no emocionalmente. **No querían mi amor... solo mis actos.** Yo era útil, no querida.

Durante más de una década, trabajé junto a mi esposo en nuestra empresa *Proservet*, ofreciendo servicios profesionales a compañías en todo el país. Teníamos dos profesiones, dos hijos y un proyecto de vida. Pero la situación política y económica comenzó a derrumbarlo todo. Cuando las grandes empresas redujeron operaciones, nuestro sustento también se vino abajo.

Sostuve a mis padres sin ayuda de mis hermanos. Siempre fui yo quien respondía. Pero esta vez, **el cansancio emocional pesaba más**. No era que no pudiera... *es que me dolía poder hacerlo todo cuando ellos nunca pudieron por mí.* Si no teníamos dinero, lo buscábamos. Si no había tiempo, lo sacábamos. Mi esposo y yo resolvíamos lo imposible.

Pero internamente, algo me desgarraba: **¿por qué yo sí podía darlo todo, y ellos por mí nunca pudieron hacerlo?** Cuando hay amor e intención, lo demás se consigue. Lo que me pesaba no era la ayuda... *era la herida.*

La idea de migrar fue madurando en silencio, hasta que el **14 de agosto de 2018** tomamos la decisión. Salimos de Venezuela en nuestra camioneta *Santa Fe*, con rumbo al sur. Con dos hijos —uno de cinco años y otro de trece— emprendimos el viaje por la BR-319, una carretera amazónica donde las lluvias convierten el camino en barro y los días en incertidumbre.

Atravesamos Brasil rumbo a Argentina. Queríamos empezar de nuevo, encontrar paz, dignidad, aire. El camino fue intenso: hoteles, noches durmiendo en el carro, estaciones de servicio como refugio, comida racionada para alargar el dinero. No teníamos amigos ni familia esperándonos. **Solo nuestra fe... y la gracia de Dios.**

Al llegar a Buenos Aires, lo supimos: **no era nuestro lugar**. El frío no era solo climático. Era humano. Sentíamos que no encajábamos, que no había espacio para nosotros. Comencé a desconfiar de todo el que se acercaba. Mi paranoia era el resultado de tantas heridas no cerradas.

Decidimos regresar a Brasil. Y allí, **la calidez volvió a tocarnos**. Una mano amiga, un gesto, una conversación en portugués que ya empezábamos a entender. Mi esposo había hecho contacto con un brasileño durante el camino, Eliseo. Un hombre amable, que más tarde nos conectó con otra persona en un pueblo agropecuario. Allí, entre gente sencilla y generosa, nos quedamos cinco meses.

Vivimos una paz que no conocíamos. Conocimos a **Baudeli, Clair y Carlos**, quienes se convirtieron en familia. Nos ofrecieron su hogar, su mesa, su humanidad. Yo hubiese adoptado ese país como refugio. Allí sentía libertad. Estaba lejos de las cargas familiares, lejos de los gritos del pasado.

Pero mi esposo no se adaptó. No era su tierra, ni su zona de confort. Mi hijo mayor tampoco. Yo lo entendí, aunque me dolía. Decidimos regresar a Venezuela.

Volvimos… pero **ya no éramos los mismos**. Habíamos partido. Habíamos visto lo que había afuera. Y aunque regresamos físicamente, emocionalmente ya no estábamos allí.

El regreso fue crudo. No teníamos casi dinero. Dormíamos el 95 % del tiempo en la camioneta. Nos bañábamos en estaciones de servicio. Viajábamos por veinte horas seguidas y descansábamos apenas unas pocas. En el camino, volvimos a ver a Eliseo. Dormimos en su casa, donde una cama limpia y una conversación amable se sintieron como el cielo.

Él nos ofreció quedarnos en **Ouro Preto**. Nos ofrecieron trabajo, vivienda, posibilidades. Mi esposo quiso quedarse. Pero yo… yo ya había pactado regresar. Tenía que cumplir. Así que seguimos camino.

Hasta que llegó el nuevo golpe: la **BR-319**, en plena temporada de lluvias.
Nuestro carro, sin tracción 4x4, se atascó a la orilla de un río. Estábamos en medio de la selva. Sin comida. Con poca agua. Una góndola también varada nos acompañaba. Nadie pasaba.

Nadie ayudaba. Durante más de dos días sobrevivimos compartiendo lo que teníamos. Finalmente, un buen samaritano se detuvo y nos escoltó hasta salir.

Volver fue un acto de amor... pero también de contradicción. Sabía que lo que me esperaba al llegar tampoco sería fácil.

Mi padre, que antes trabajaba ocasionalmente, ya no podía hacerlo. La vida le pasaba factura. Y aunque siempre había ayudado económicamente, ahora yo era su todo: **su sostén, su abrigo, su seguridad.**

Pero lo que más me dolía no era el dinero. Era la paradoja interna:
¿Por qué yo, que tantas veces recibí un "no", que tantas veces necesité y no fui vista... hoy no podía poner límites?
¿Por qué siempre estaba ahí, incluso cuando ellos tantas veces no estuvieron para mí?

Mi herida no era solo el peso de la carga. *Era lo que esa carga significaba: mi infancia sobre mis hombros.*

Mi esposo también lo vivía. Suspendíamos planes. Deteníamos proyectos. Todo se paralizaba cada vez que ellos nos necesitaban. Y ellos lo sabían. Y eso... eso era lo que más dolía.

No por falta de amor. Sino por la falta de reciprocidad.

Y entonces, entendí:
No me dolía ayudar...
me dolía seguir haciéndolo desde un vacío que nunca fue reparado.

Era como llenar a otros, mientras yo me sentía vacía, con un corazón agrietado.

Análisis psicológico y neurocientífico

Migrar no es solo cambiar de país. Es rehacerte. Es soltar lo conocido —aunque duela— para intentar preservar algo más profundo: la integridad emocional.

Desde el enfoque psicodinámico y neurocientífico, **la migración activa un duelo múltiple**, como lo plantea **Joséba Achotegui (2004)** en su teoría del *duelo migratorio acumulativo*. Este modelo sostiene que quien migra enfrenta, de forma simultánea, pérdidas significativas: **territorio, idioma, estatus social, vínculos afectivos, referentes culturales y proyecto de vida**. Cada una de estas pérdidas exige un proceso de adaptación complejo, especialmente cuando la migración ocurre en condiciones adversas o es percibida como forzada.

Estos duelos no se elaboran únicamente desde lo mental. **El cuerpo también los vive y los registra.** La neurobiología del trauma —a través de estudios de autores como **Bessel van der Kolk (2015) y Robert Sapolsky (2017)**— ha demostrado que contextos de estrés crónico, como los vividos por muchas personas migrantes, producen una activación prolongada del **eje** *hipotalámico-hipofisario-adrenal (HHA)* y del sistema límbico, particularmente de la *amígdala* y el *hipocampo*. Esta hiperactivación deteriora la percepción del entorno, debilita el sistema inmune, incrementa los niveles basales de ansiedad y afecta tanto la calidad del sueño como la memoria emocional.

La migración, entonces, **no comienza ni termina en una frontera física.** Es una experiencia neuroemocional de ruptura y reconstrucción que impacta el sistema nervioso, los vínculos y la construcción de identidad.

En mi caso, **la decisión de irnos fue también un acto de supervivencia emocional.** Alejarme del entorno que me hería —de un sistema familiar que me exigía sin sostenerme— fue un intento por restaurar algo dentro de mí. Lo hice desde el instinto, pero hoy comprendo que también fue un movimiento profundamente sanador.

Daniel Siegel (2020) sostiene que el entorno relacional y cultural tiene un efecto directo sobre la organización cerebral. Al migrar, no solo nos desplazamos físicamente: también abrimos la posibilidad de **reconfigurar las redes neuronales asociadas al trauma, la seguridad y el apego.** Sin embargo, este cambio solo se vuelve reparador cuando el nuevo entorno permite establecer vínculos con afecto, pertenencia y dignidad.

Para mi esposo, el duelo migratorio se manifestó de otra forma: **la nostalgia lo vencía.** La pérdida del control, del territorio familiar, del rol que ocupaba, lo desdibujaba. Para mí, en cambio, **la distancia fue un umbral.**

No fue una solución mágica, pero **me permitió nombrar heridas, observar patrones y dejar de normalizar lo que me lastimaba.**

La migración, cuando no se vive únicamente como una huida, puede convertirse en un viaje de retorno. No necesariamente a una tierra o a un país, sino a lo más profundo de sí mismo: a la esencia, a la identidad, a ese lugar interior que quizá se había olvidado entre el ruido y las heridas del pasado.

♥ Para ti, lector

Quizá tú también has cargado más de lo que podías. Tal vez has sostenido a otros mientras tú te sentías rota por dentro.

Quizá te has quedado donde ya no cabías, o te fuiste sin haber sanado del todo.

No importa si migraste físicamente o si sigues en el mismo lugar: **lo que transforma no es el cambio de dirección, sino el cambio de consciencia.**

A veces, el mayor exilio es vivir alejado de uno mismo.

Y sanar, entonces, es regresar.

Sanar no es traicionar a tu familia.

No es olvidar lo que hiciste por amor.

Es reconocer que ahora también tú necesitas cuidado.

Que tienes derecho a ponerte como prioridad.

Tal vez hoy estás cansado de repetir patrones.

De poner límites y que no los escuchen.

De darlo todo y recibir poco.

Y te preguntas si alguna vez será tu turno.

Este capítulo no busca convencerte de dejarlo todo…

Busca recordarte que puedes empezar a elegir diferente.

Aunque estés en el mismo lugar, puedes salir emocionalmente de la jaula que te impusieron.

No necesitas el permiso de nadie para sanar.

Ni para dejar de cargar lo que ya no es tuyo.

Tu historia es válida. Tu dolor es legítimo.

Y tú libertad también lo es.

Y esa fuerza merece ser honrada...
no ignorando lo que duele,
sino actuando desde el amor propio.

Tal vez hoy te cuesta encontrar una salida... pero eso no significa que no exista.

A veces, el primer paso no es huir, sino **atreverse a ver que mereces algo distinto.**

No estás destinado a quedarte donde te lastiman.

No tienes que adaptarte al dolor para sentir que perteneces.

Tienes derecho a alejarte, a protegerte, a comenzar de nuevo.

Y si hoy no ves cómo, no es el final:
es el inicio de una nueva verdad.

Tu vida importa.

Y esa conciencia puede cambiarlo todo.

Guía para sanar: Soltar lo que no te corresponde

1. Reconoce el peso que llevas.
Haz una lista honesta de las responsabilidades que actualmente asumes y pregúntate: *¿Cuáles son mías y cuáles pertenecen a otros?* A veces, solo ver en papel lo que cargas permite dimensionar la magnitud de tu agotamiento.

2. Identifica la herida detrás de tu entrega.
Pregúntate: *¿Estoy ayudando por amor genuino o para evitar sentirme*

culpable, rechazada o inútil? Esta reflexión no busca frenar tu generosidad, sino liberarla de la obligación emocional.

3. Entrena tu derecho a poner límites.

Empieza con pequeños "no" en áreas que no comprometan tu seguridad. Observa cómo reacciona tu entorno y, sobre todo, cómo te sientes tú al priorizarte.

4. Reescribe tu concepto de lealtad.

Ser leal no significa sacrificarte hasta vaciarte. *La verdadera lealtad también incluye lealtad hacia ti mismo*, hacia tu bienestar y tu paz interior.

5. Crea un lugar seguro dentro de ti.

Practica actividades que te nutran sin depender de la aprobación externa: meditación, escritura, caminatas, aprender algo nuevo. Cuanto más sólida sea tu base interna, menos dependerás de un lugar o una persona para sentirte en casa.

6. Acepta que irse es un acto de amor propio.

Tanto si se trata de un cambio físico como emocional, el hecho de alejarte de lo que te desgasta no te hace egoísta: te hace consciente. Y desde esa conciencia, podrás dar desde la abundancia, no desde la carencia.

Recuerda que migrar es más que un cambio de dirección.

Es también *migrar de creencias* que ya no te representan, de patrones aprendidos que limitan tu crecimiento y de dinámicas que normalizaron tu agotamiento. Cada paso que des fuera de ese círculo es un paso hacia tu libertad emocional, hacia una versión más auténtica de ti y hacia una vida en la que puedas habitarte sin miedo ni cadenas.

⏾Reflexión final

A veces, no es el mapa lo que debemos cambiar, sino el punto desde el que partimos dentro de nosotros.

Migrar no siempre implica cruzar fronteras físicas; muchas veces, el viaje más largo es el que nos lleva a dejar atrás culpas heredadas, expectativas que nunca nos pertenecieron y el hábito de posponernos.

Cuando aprendemos a caminar ligeros de cargas ajenas, descubrimos que el verdadero destino no es un lugar, sino un estado interno de libertad y paz.

Bibliografía

- **Achotegui, J.** (2004). *Migración y salud mental. El síndrome del inmigrante con estrés crónico y múltiple (Síndrome de Ulises).* Barcelona: Ediciones Mayo.

- **Siegel, D. J.** (2020). *The Developing Mind: How Relationships and the Brain Interact to Shape Who We Are* (3rd ed.). New York: The Guilford Press.

- **Sapolsky, R. M.** (2017). *Behave: The Biology of Humans at Our Best and Worst.* New York: Penguin Press.

- **van der Kolk, B. A.** (2015). *The Body Keeps the Score: Brain, Mind, and Body in the Healing of Trauma.* New York: Viking.

14. ENTRE EL DEBER Y LA HERIDA

A veces, el deber pesa más que el dolor...
sobre todo cuando nunca fue elección.

✒ Mi historia

"Hay historias que parecen repetirse, pero cuando quien las habita ha despertado, todo cambia. No se trata solo de volver... se trata de volver diferente. Más consciente. Más libre. Más tú."

Volver a Venezuela, después de intentar comenzar una nueva vida en otros países, **no fue sencillo.** Teníamos casa, independencia y una estructura familiar, pero algo en nosotros había cambiado. **Ya no éramos los mismos** que se habían marchado. El país también estaba distinto: más desgastado, más frágil, más herido.

Mi esposo recuperó el confort de estar cerca de su familia, pero **ni siquiera eso llenaba el vacío** que empezaba a crecer. Nos enfrentamos al desempleo, a la ausencia de oportunidades y a la pérdida de la rutina que habíamos construido lejos. Pero, sobre todo, nos enfrentamos **a nuestras propias heridas.**

Yo cargaba un cansancio que no solo era físico. **Era resignación. Era el sabor amargo de la repetición.** Volvía al lugar del que alguna vez quise huir, a esa tierra donde **di sin límites… pero que nunca me devolvió lo esencial**. Allí donde siempre se esperaba que resolviera lo que nadie resolvió por mí cuando más lo necesité.

Esa presión comenzó a fracturar también mi relación de pareja. El peso de las decisiones por el bien de la familia, las tensiones económicas, la presión de los familiares y el peso emocional de volver a lo que habíamos dejado **pusieron en jaque nuestra estabilidad**.

Y en medio de esa crisis, ocurrió algo que **me rompió el corazón**. Por primera vez, después de quince años, mi esposo se vinculó con otra mujer. Según él, fue solo un beso. Pero lo que más dolió no fue el hecho, sino la justificación:
— *"Me atrajeron sus palabras… me hacían sentir importante."*

Esa frase **me atravesó los huesos**. Pensé: *¿Y si hubiera sido yo la que dijera eso?* La decepción fue tan grande que estuve a punto de terminar todo. **Sin embargo, decidimos intentarlo de nuevo**. Aprendimos, poco a poco, que la calma, la comunicación y la valoración de los pequeños detalles eran indispensables si queríamos seguir.

Apenas comenzábamos a estabilizarnos, otra prueba llegó.

En 2020, diagnosticaron a mi padre con cáncer. **El mismo hombre que nunca estuvo para mí en mi niñez, ahora necesitaba que yo estuviera para él**. Su cuerpo empezó a deteriorarse, y yo me convertí en su sostén, su acompañante, su cuidadora.

Mientras él descansaba en mi casa con confianza, yo revivía en silencio **las carencias de mi infancia**. *¿Por qué me tocaba* *cuidar a quien nunca estuvo para mí? ¿Cómo podía sentirse seguro conmigo si yo nunca me sentí segura con él?*

Lo cuidaba, pero **no desde la paz, sino desde la herida.** Desde un rol impuesto, no elegido. Y cuando decidimos volver a emigrar, su respuesta fue tajante:

— *"Tú no te puedes ir. Los hijos no se van cuando los padres están viejos."*

En mi mente, la réplica fue inmediata: *¿Y tú, te quedaste cuando yo era niña?*

No sentí amor. Sentí dependencia. Sentí exigencia. Era como si dijera: *"No te vayas porque te necesito"*, pero no desde el afecto, sino desde la utilidad. **Esa fue una de las heridas más duras que tuve que enfrentar.**

Entonces, un recuerdo volvió con fuerza. Tenía 16 o 17 años cuando, tras una discusión, mi padre me dijo que si algún día yo tenía una casa, **él jamás me visitaría.** Me llamó *serpiente.* Ese día **dejé de tenerle miedo.** El respeto que alguna vez creí deberle **se desmoronó,** porque entendí que **el respeto se gana… y él nunca lo había ganado.**

En mi infancia y adolescencia, **nunca hubo amor ni afecto.** Solo gritos, humillaciones y abusos. Llegó un punto en que *no me importaba si moría.* No porque odiara la vida, sino porque **me dolía demasiado vivirla.** Sentía que **el mundo estaba hecho para otros, no para mí.**

Escuchaba en las noticias historias de adolescentes que habían decidido irse para siempre, y **no me parecían ajenas.** La idea comenzó a tomar forma como *una puerta de escape.*

Un día, visitando a mi hermano en Bejuma, me quedé sola esperando un autobús que no llegaba. En otro momento habría sentido miedo, **pero esa tarde esperaba que alguien pudiera hacerme daño… que ese fuera el final.**

En cambio, ocurrió algo que **cambió mi vida.**

Un conductor se detuvo. Tenía una mirada serena y una voz que parecía ver más allá de mi silencio:

— *"No pensé que aceptarías el aventón. Nunca hago esto, pero ya no van a pasar más transportes, y es peligroso estar aquí sola. Voy camino a la universidad a buscar a mi esposa, que da clases allí. Yo también soy profesor. Estudia mucho, cuídate… y por favor, no vuelvas a subirte al carro de un desconocido."*

No lo sabía, pero **ese hombre fue un ángel**. Me salvó sin saberlo. Su mensaje se sintió como si **Dios me susurrara:** *"Todavía no. Aún tienes un propósito."*

Nunca lo volví a ver, pero esa tarde entendí que, aunque yo me hubiera rendido por dentro, **mi vida no había terminado.**

Con los años, aunque mi padre nunca supo todo lo que viví, lo cuidé **con lo mejor que tenía.** Lo sacaba a pasear, le compraba ropa, celebraba sus cumpleaños y lo invitaba a las reuniones familiares. **Pero la sombra del pasado siempre estaba allí, como una cicatriz invisible.**

Durante la pandemia, cuando su diagnóstico se volvió más concreto, **lloré en silencio muchas veces.** A veces sola, otras frente a mi esposo. No quería que la vida lo desgastara, pero tampoco tuve el valor de decirle la verdad.

Y aunque no me pesaba ayudarlo, **la herida me perseguía.**

Cuando mi esposo propuso migrar nuevamente, más lejos que nunca, al principio me negué. Pero **el agotamiento**

respondió por mí. Comprendí que, aunque yo lo sostenía en sus peores momentos, **su valoración hacia mí siempre pasaba por la utilidad**.

Pensé que si me iba, al menos podría enviar dinero. **Que eso era lo único que realmente necesitaban de mí.** Fue una decisión que *me desgarró…* **pero la tomé.**

Análisis psicológico y neurocientífico

Volver a un lugar donde antes hubo dolor no es solo un cambio geográfico; es una reactivación biológica, emocional y cognitiva. En neurociencia, este fenómeno se conoce como **reactivación de redes de memoria traumática.** Según el psiquiatra **Bessel van der Kolk** (*The Body Keeps the Score*, 2014), las experiencias traumáticas tempranas se almacenan no solo como recuerdos narrativos, sino como **patrones somáticos y emocionales** inscritos en el cuerpo. El cuerpo, literalmente, recuerda lo que la mente intenta olvidar.

En mi caso, regresar a Venezuela significó volver al escenario donde se formaron muchas de mis heridas más profundas: abandono, invalidez emocional, exigencia afectiva y dolor relacional. Este retorno activó circuitos de memoria alojados en la **amígdala cerebral**, estructura clave en la detección de amenazas, que reacciona incluso cuando el peligro ya no es real, pero sí simbólico. Tal como explica **Joseph LeDoux** (1996), estas respuestas no son racionales, sino automáticas: el cuerpo se anticipa al dolor que ya conoce.

Cuidar a mi padre —quien fue una figura emocionalmente ausente y, muchas veces, dañina— generó una **disonancia vincular**: un conflicto entre lo que se espera de una relación familiar y lo que realmente se siente. Desde la teoría del apego de **John Bowlby** (1969), sabemos que los vínculos inseguros pueden derivar en patrones afectivos marcados por la culpa, el deber y la necesidad de aprobación, incluso cuando la relación fue negligente o abusiva. Esta combinación de apego inseguro y reactivación traumática explica por qué mi cuidado hacia él se daba "desde la herida y no desde la paz".

La **sobreadaptación** y el **autosacrificio** que pueden surgir en estos contextos son, como plantea **Gabor Maté** (2010), formas silenciosas de autoabandono. Gran parte del sufrimiento adulto proviene de heridas infantiles no reconocidas, que moldean nuestras decisiones, vínculos e identidad.

La interacción entre la **traición emocional en mi pareja** durante este tiempo de crisis no fue solo un golpe relacional; también amplificó mi estado de alerta neuroemocional. La **neurobiología interpersonal** propuesta por **Daniel Siegel** (2001) describe cómo, cuando una persona percibe una amenaza en sus vínculos más íntimos, el sistema nervioso puede entrar en **hiperactivación** o **desconexión emocional**. En ausencia de una regulación segura, el cuerpo reacciona como si estuviera en peligro inminente, activando respuestas de huida, lucha, congelamiento o colapso.

Esta combinación de **estrés relacional** y **carga emocional sostenida** provocó una activación crónica del **eje HHA (hipotálamo–hipófisis–adrenal)**, manteniendo al cuerpo en un estado prolongado de hipervigilancia y agotamiento emocional.

Sin embargo, para comprender por qué, incluso en medio de estas crisis adultas, existía en mí una mínima chispa de resistencia, es necesario volver en el tiempo a mi adolescencia. Años antes, cuando la desesperanza parecía haber ganado terreno, ocurrió un hecho que hoy reconozco como un **evento reparador**: el encuentro con el "profesor desconocido" que, con un mensaje breve pero profundo, sembró en mí la idea de que *"todavía no era mi final"*.

En psicología del trauma, este tipo de interacciones inesperadas pueden dejar una **huella protectora** que, aunque no anule las memorias traumáticas, actúa como un anclaje emocional en momentos posteriores de crisis. Según **Daniel Siegel**, experiencias de sintonía emocional y validación genuina pueden activar mecanismos de **neuroplasticidad** que permitan abrir nuevas rutas para procesar el dolor y sostener la esperanza, incluso años después del evento.

Desde la perspectiva de la **resiliencia**, esta historia muestra que el cerebro es moldeable a lo largo de toda la vida. La presencia de figuras que modelen cuidado y respeto, incluso fuera del núcleo familiar, puede atenuar el impacto de las memorias traumáticas y favorecer la construcción de una nueva identidad emocional.

En síntesis, lo vivido en este capítulo refleja tres ejes clave en la psicología y neurociencia del trauma:

La persistencia de las huellas emocionales: El pasado no resuelto sigue activo y puede reactivarse en relaciones presentes.

El papel del apego temprano: Las carencias afectivas moldean la manera en que cuidamos, nos vinculamos y nos valoramos en la adultez.

El potencial reparador de los vínculos seguros: Incluso interacciones breves, pero significativas, pueden iniciar un proceso de sanación cerebral y emocional.

♥ Para ti, lector

Tal vez, mientras leías estas páginas, sentiste que algunas escenas se parecían demasiado a tu vida. Quizá también has tenido que cuidar a alguien que un día te hirió... y descubriste que sanar no significa olvidar, sino aprender a sostenerte a ti mismo en medio del peso emocional.

Sin importar el rumbo que tomó tu vida antes de llegar hasta aquí, lo verdaderamente importante es lo que harás a partir de ahora.

No es fácil. Nadie te prepara para la contradicción de estar ahí para otro cuando ese otro nunca estuvo para ti. Nadie te enseña cómo manejar el nudo en la garganta que aparece cuando la memoria te recuerda lo que faltó. Y, sin embargo, aquí estás... sobreviviendo a una historia que pudo quebrarte, pero no te ha vencido.

Puede que no hayas vivido exactamente lo mismo. Puede que tu herida venga de otro lugar: de una ausencia silenciosa, de palabras que marcaron tu piel como si fueran cicatrices, de un abandono que nunca se nombró. Lo importante no es comparar heridas, sino reconocer que hay un hilo invisible que une a quienes han tenido que aprender a vivir con lo que no recibieron.

Y si en algún momento te has sentido como yo me sentí en aquella adolescencia —con la certeza de que la vida era demasiado pesada para seguir—, quiero que escuches algo con la misma claridad con la que yo lo escuché aquel día en Bejuma al profesor desconocido:

Todavía no. No ha llegado tu final. Hay un propósito que aún no conoces, y que solo podrás descubrir si sigues aquí.

Quizá hoy tu fuerza no venga de la paz, sino de la pura resistencia. Está bien. Aférrate a ella. Porque un día, esa resistencia se transformará en algo más: en dignidad, en libertad, en amor propio.

Hoy es tu oportunidad de mirar el presente con verdad. De decirte: *"Lo que me tocó, me dolió… pero ya no quiero seguir viviéndolo en mi interior."*

No tienes que seguir dando desde la herida, porque dar desde el dolor solo prolonga tu desgaste y alimenta viejas cadenas emocionales. Tienes derecho a poner límites y a cuidar tu energía. Tienes derecho a elegirte, incluso si eso implica decepcionar a quienes siempre esperaron que estuvieras disponible para ellos, porque tu valor no se mide por cuánto te sacrificas, sino por cuánto te respetas.

No eres lo que te faltó. No eres lo que hicieron contigo. Eres lo que decides construir desde hoy.

Porque la historia que merece tu atención no es la que te hirió… es la que estás creando con cada paso consciente que das.

✐ Guía terapéutica – Elegirte sin culpa

Sanar cuando tu historia incluye vínculos que te hirieron y luego te necesitaron no es un proceso lineal. Requiere paciencia, conciencia y, sobre todo, un compromiso real contigo mismo. Aquí tienes algunas pautas que puedes comenzar a aplicar desde hoy:

1. Reconoce la contradicción emocional.

Es normal sentir enojo, tristeza, culpa o confusión cuando ayudas a alguien que antes te lastimó. No te exijas sentir amor inmediato ni negar lo que sientes. Ponerle nombre a esa contradicción es el primer paso para liberar la tensión interna.

2. Diferencia el deber del amor.

Pregúntate: *¿Lo hago por elección consciente o porque siento que no tengo opción?* Cuando una acción nace solo del deber impuesto, puede generar resentimiento. Cuando nace de una decisión personal, aunque sea difícil, aporta libertad emocional.

3. Establece límites claros y sostenibles.

No todo lo que se espera de ti es tu responsabilidad. Define hasta dónde puedes llegar sin romper tu salud física y emocional. Comunica tus límites con firmeza y sin culpa.

4. Busca tu propio espacio de cuidado.

Sanar no ocurre mientras te desgastas solo en dar a otros. Reserva tiempo para ti: terapia, escritura, meditación, actividades que disfrutes o entornos donde te sientas seguro. Estos espacios son tu combustible emocional.

5. Reconoce y utiliza tus anclajes protectores.

Así como en mi adolescencia una frase de un desconocido marcó la diferencia, busca o recuerda esas experiencias que te devolvieron esperanza en algún momento. Escríbelas, repítelas y tráelas a tu mente cuando el peso del pasado intente arrastrarte.

6. Reentrena tu mente para el presente.

Cuando un recuerdo doloroso aparezca, pregúntate: *¿Estoy reaccionando al presente o al pasado?* Si es al pasado, respira profundo, ubícate en el "aquí y ahora" y dirige tu atención a algo que te conecte con seguridad y calma.

7. Valida tu derecho a elegirte.

Sanar no significa que tengas que seguir disponible para quienes nunca lo estuvieron para ti. Significa que puedes decidir cuánto dar, a quién y desde qué lugar emocional hacerlo.

Suelta la necesidad de reparación externa.

No necesitas que te reconozcan, te pidan perdón o te den lo que no pudieron darte.

Tu sanación no depende de otros depende de ti... Comienza en el instante en que dejas de esperar que alguien más lo haga por ti y decides construir, desde dentro, la vida y la paz que mereces.

Hazte una promesa firme y real:

"A partir de hoy, voy a elegir cada paso desde mi verdad. Lo que doy, lo doy desde la plenitud.

Y si me quedo, será con conciencia. Si me voy, será con paz"

Recuerda: no puedes cambiar lo que recibiste, pero sí puedes decidir qué darás de ahora en adelante… y, sobre todo, qué te darás a ti misma, porque allí comienza la verdadera transformación.

Reflexión final

No viniste al mundo a cargar con historias que no elegiste, ni a mendigar amor donde solo se espera utilidad.

Elegirte no es abandono. No es egoísmo. Es reconocer que tu vida también merece cuidado, atención y respeto.

Tu vida no se mide por cuánto aguantaste, sino por cuánto te atreviste a transformarte. Hoy puedes honrar lo que diste, incluso a quienes no supieron recibir, *pero ya no desde la herida… sino desde la dignidad de quien, por fin, decidió elegirse.*

A veces, sanar significa seguir presente… y otras, significa tomar distancia para no seguir sangrando. **Ambas decisiones son válidas cuando nacen del amor propio.**

Porque no puedes sostener a nadie si te estás dejando caer. Y no puedes sanar verdaderamente si te sigues negando a ti mismo. **El verdadero deber no es hacia el pasado que te hirió, sino hacia el futuro que quieres construir.**

— *Alexandra Delgado*

Bibliografía

Bowlby, J. (1969). *Attachment and Loss: Vol. 1. Attachment.* New York: Basic Books.

LeDoux, J. (1996). *The Emotional Brain: The Mysterious Underpinnings of Emotional Life.* New York: Simon & Schuster.

Maté, G. (2010). *In the Realm of Hungry Ghosts: Close Encounters with Addiction.* Berkeley, CA: North Atlantic Books.

Siegel, D. (2001). *The Developing Mind: How Relationships and the Brain Interact to Shape Who We Are.* New York: Guilford Press.

van der Kolk, B. A. (2014). *The Body Keeps the Score: Brain, Mind, and Body in the Healing of Trauma.* New York: Viking.

15. TERCERA VEZ CON LA MUERTE

Sobrevivimos otra vez, no
por suerte… sino por propósito."

✍ Mi historia personal

"A veces, la vida te lleva al borde… no para empujarte, sino para recordarte por qué aún debes quedarte."

El **8 de octubre de 2023** emprendimos la huida por segunda vez. Mi esposo, mis hijos y yo partimos **sin certezas, con la fe rota pero aún viva**, sabiendo que el camino no sería fácil. Esta vez no venía a sobrevivir. **Venía a reconstruirme.**

Partíamos no solo con el anhelo de una vida mejor, sino con **el alma desgastada** por tantas despedidas sin cierre, por las promesas rotas de una tierra que nunca nos devolvió lo esencial, y con la urgente necesidad de **protegernos como familia**. Nos marchamos rumbo a Estados Unidos, dejando atrás todo lo que ya habíamos reconstruido… **otra vez.**

Nuestra ruta fue larga y dolorosa: cruzamos países, selvas y peligros. **Pero nada se comparó con lo que vivimos al atravesar el Darién**, ese infierno verde del que muchos no regresan.

Cruzábamos un río. La cuerda guía parecía segura; varios ya la habían atravesado. Mi esposo iba adelante, con nuestro hijo menor en brazos. Justo frente a mí, una joven del grupo se detuvo, **paralizada por el miedo.** Yo iba detrás, y al final de la cuerda, mi hijo mayor —desde tierra firme— nos sostenía con todas sus fuerzas.

Pero el río empezó a crecer. **La joven no se movía.** La corriente me golpeaba con furia, el agua me cubría. **Sentí que ya no podía más.**

Miré a mi esposo. Moví los labios y negué con la cabeza. **Lo entendió.** Solté la cuerda. Me dejé llevar. Cerré los ojos y **me entregué a Dios.**

Por increíble que parezca, en ese momento en que pensé que todo terminaría, además de entregarme a Dios, **mi último pensamiento fue para mis padres.** Aun a esa edad, en medio del caos, mi conciencia se aferró a una pregunta que **me atravesó el alma:**

¿Cómo recibirán esta noticia? ¿Con amor? ¿Con angustia? ¿Con indiferencia? ¿Será tristeza genuina... o miedo a perder a quien los sostiene?

No era culpa. Era **una necesidad visceral** de saber si alguna vez me amaron de verdad.

Pero una vez más, **Dios actuó por mí.** En medio del río agresivo, apareció mi hijo mayor. **Sin dudarlo, se lanzó al agua.** Me abrazó, me sostuvo y me sacó como pudo.

Mi esposo, desesperado por ayudarnos, también fue arrastrado por la corriente. Sin fuerzas, se rindió... **pero entonces el río, como en un acto de misericordia, lo lanzó contra una roca en la orilla,** salvándole la vida.

Nuestro hijo menor, pequeño y frágil, flotó aferrado a una rama. Días después, nos confesó:

— *Yo pude haber salido antes, pero no quise. Pensé: "¿Para qué salir si ustedes ya no iban a estar?"*

Ese comentario **me partió el alma**. Mi hijo eligió lanzarse con nosotros al peligro antes que vivir sin nosotros. **Toda mi familia cayó al río.** Y toda mi familia fue rescatada. Incluso nuestro bolso con documentos apareció intacto, detenido por una rama en la orilla.

Aun sin poder moverme, **escuchaba**. Como afirma la neurociencia, *el oído es el último sentido que se apaga*. Escuchaba los gritos de mi hijo, pidiendo por todos. Media hora después, reaccioné. Y pregunté:

— *¿Dónde están?*

Mi hijo me abrazó con fuerza, con el rostro aún empapado de miedo... **y amor**.

Esa fue la **tercera vez** que la muerte nos rozó. Y, nuevamente... **la vida nos eligió**.

Pero aún faltaba camino por recorrer.

Al llegar a México, me comuniqué con mis padres. **Mi padre lloró.** Me dijo que estaba desgarrado por mi partida. Me costó creerlo... pero traté de consolarlo. Le prometí que los ayudaría económicamente, que solo me diera tiempo para establecerme.

Sostenernos en México fue **una lucha diaria**. Vivimos acoso, amenazas, miedo constante. Sentíamos que **podíamos perder la vida en cualquier momento**.

Hasta que, finalmente, después de **cuatro meses**… llegamos a los Estados Unidos. **No como los que huyen, sino como los que sobreviven para transformar su historia.**

Análisis psicológico y neurocientífico

Migrar no es solo un desplazamiento físico; es también **una ruptura neurológica, emocional y simbólica.** Lo vivido por la autora en esta travesía —el cruce del Darién, la amenaza de muerte, la renuncia momentánea al deseo de sobrevivir— representa una forma extrema de **trauma agudo**, capaz de dejar huellas indelebles en el cuerpo y en la memoria implícita.

Desde la teoría del trauma complejo, **Judith Herman** (1992) explica que, cuando el sufrimiento ocurre en contextos donde no hay salida posible, el sistema psíquico busca protegerse disociándose, paralizándose o rindiéndose. No se trata de debilidad, sino de **neurobiología adaptativa**: el cuerpo activa mecanismos ancestrales de defensa para preservar la vida, incluso si eso implica dejar de luchar.

En ese sentido, la **teoría polivagal** de **Stephen Porges** (2011) aporta una mirada clave: cuando el sistema nervioso detecta una amenaza ineludible, puede entrar en un estado de *colapso parasimpático*, apagando funciones superiores para conservar energía. En el caso de la autora, soltar la cuerda, cerrar los ojos y entregarse al río no fue un acto de derrota, sino una respuesta automática profundamente humana ante lo insoportable.

En esos momentos, la supervivencia no siempre depende de la lógica, sino del **vínculo**. La intervención de su hijo mayor y la confesión posterior de su hijo menor ilustran lo que **Deb Dana** (2020) define como *co-regulación*: la capacidad de restaurar el equilibrio del sistema nervioso a través de la conexión con otro ser humano. En situaciones de peligro extremo, la voz, el abrazo y la presencia amorosa son anclas que pueden sostener la vida.

Además, investigaciones de **Antonio Damasio** han demostrado que el cuerpo recuerda incluso cuando la mente no logra explicarlo. Las emociones no son ideas abstractas, sino **huellas neurofisiológicas** que guían nuestras decisiones. El hecho de que la autora pensara en sus padres justo antes de entregarse no fue un razonamiento lógico, sino una respuesta emocional profundamente arraigada en la infancia: esa parte interna que aún buscaba ser amada, vista y validada… aunque fuera en el último instante.

Desde una mirada integrativa, **Cathy Malchiodi** (2015), pionera en psicotrauma expresivo, resalta que el trauma vivido en condiciones de migración forzada deja secuelas **multisensoriales**: imágenes congeladas, sonidos persistentes y sensaciones somáticas que no desaparecen con el tiempo, sino que se reactivan hasta ser procesadas en un entorno seguro. De ahí la importancia de narrar lo vivido, reconocerlo en el cuerpo y resignificarlo desde un lugar consciente.

Por su parte, **Resmaa Menakem** (2021), especialista en trauma racial y corporal, señala que el trauma migratorio no solo afecta a quien lo vive, sino que **se transmite generacionalmente**, incluso en silencio. Los hijos pueden encarnar ese miedo heredado y actuar desde una lealtad inconsciente. En este caso, la decisión del hijo menor de permanecer en el agua antes que separarse de sus padres revela un patrón de **amor visceral** que se da en sistemas familiares atravesados por el trauma.

La experiencia posterior en México, marcada por amenazas y miedo constante, mantuvo activo el **eje HHA (hipotálamo–hipófisis–adrenal)**, mecanismo descrito por **Bessel van der Kolk** (2014) como responsable de la hipervigilancia crónica y del agotamiento emocional. A su vez, **Peter Levine** enfatiza que no es suficiente hablar del trauma; es necesario **liberarlo a través del cuerpo, del vínculo y de la presencia segura**.

En síntesis, lo que vivió la autora no fue solo una hazaña física, sino un ejemplo claro de cómo el cuerpo y la mente pueden **colapsar y reactivarse** en cuestión de segundos cuando el vínculo y el instinto convergen. Porque, como muestran las investigaciones, **cuando el cuerpo se rinde, el alma no siempre se apaga**. Y si en medio del caos aparece un abrazo, una mano que sostiene o una mirada que ancla, entonces el cerebro encuentra razones para volver a confiar... y a vivir.

💜 Para ti, lector

Tal vez tú también has vivido momentos en los que la vida y la muerte parecían separarse solo por un hilo invisible. Quizá conoces esa sensación de rendirte por dentro, de pensar que ya no puedes más... y, aun así, descubrir que había algo —o alguien— que te anclaba a la vida.

No siempre es la fuerza física lo que nos mantiene aquí. A veces, es **la voz de alguien que amamos**, un recuerdo que nos sostiene, una presencia que nos abraza incluso antes de tocarnos. Puede que no sea lógico, pero en medio del caos, el vínculo se convierte en un salvavidas más poderoso que cualquier cuerda.

Y, si has migrado o atravesado peligros que amenazaron tu vida, tal vez comprendas que el trauma no es solo el momento en el que todo ocurrió. También es lo que se queda: las imágenes que vuelven, los sonidos que no se apagan, la sensación en el cuerpo que se activa sin aviso. Eso no significa que estés roto. Significa que tu sistema nervioso recuerda… y que aún necesita sentirse seguro para soltar.

Quiero decirte algo importante: **no eres débil por haberte sentido paralizado, rendido o desconectado**. Eso es parte de tu biología, no un fallo de tu carácter. Lo que te trajo de vuelta no fue la fuerza bruta, sino la conexión. Y esa conexión —con otros y contigo mismo— puede seguir siendo la llave para reconstruirte.

Si hoy todavía cargas el eco de ese peligro en tu mente o en tu cuerpo, no lo ignores. Háblalo. Escríbelo. Encuentra un espacio seguro donde puedas narrarlo sin miedo. Porque cada vez que tu historia se cuenta desde un lugar de conciencia, el trauma pierde un poco de su fuerza y tú recuperas un poco más de la tuya.

No sé cuál fue tu río, ni si aún lo estás cruzando. Pero sé que, si estás leyendo esto, **la vida todavía te está eligiendo**. Y mientras lo haga, puedes elegirte tú también.

◎ Guía terapéutica – Abrazar la vida que te eligió

Haber vivido un momento en el que sentiste que la vida podía terminar deja una huella que no desaparece sola. No se trata solo de "pasar página", sino de darle al cuerpo, a la mente y al alma la oportunidad de procesar lo ocurrido y reconstruir la sensación de seguridad.

Estas herramientas pueden ayudarte a comenzar:

1. Reconoce tu cuerpo como un testigo.

No minimices las sensaciones físicas que quedaron después del evento. Temblores, tensión, sobresaltos, insomnio o reacciones inesperadas son la forma en que tu cuerpo recuerda. Nómbralas y valida que son respuestas normales tras un trauma.

2. Crea espacios de descarga física.

Como proponen autores como **Peter Levine**, el trauma se libera también a través del cuerpo. Caminar, nadar, practicar respiración profunda o moverte de forma rítmica ayuda a completar la respuesta física que quedó interrumpida en el momento del peligro.

3. Encuentra un anclaje emocional seguro.

Recuerda a las personas, lugares o frases que te devolvieron calma en momentos críticos. Escríbelos y tenlos presentes para cuando tu sistema nervioso vuelva a activarse.

4. Da permiso a tu historia para ser contada.

La narrativa consciente es una vía poderosa para integrar lo ocurrido. Puedes escribirlo, hablarlo en terapia o compartirlo en un entorno seguro. Al contarla, le enseñas a tu cerebro que el evento ya pasó y que hoy estás a salvo.

5. Practica la co-regulación.

Busca conscientemente la compañía de personas que te transmitan calma y estabilidad. Tal como explica **Deb Dana**, la regulación compartida es una de las formas más rápidas y efectivas de restaurar el equilibrio interno.

6. Desactiva la culpa de sobrevivir.

Es común sentir que "otros no tuvieron la misma suerte" o que "no merecías salvarte". Recuerda que sobrevivir no te hace responsable de las pérdidas ajenas. Al contrario, te da la oportunidad de vivir con más propósito.

7. Fortalece tu sentido de elección.

El trauma muchas veces se vive como pérdida de control. Empieza a recuperar esa sensación tomando pequeñas decisiones diarias que te recuerden que tienes voz y elección sobre tu vida.

Recuerda: La experiencia que viviste no te define, pero sí puede transformarte. Si la vida te eligió, puedes elegir que tu historia sea más que supervivencia: que sea un testimonio de fuerza, amor y reconstrucción.

Reflexión final

La vida me eligió. No una, ni dos… tres veces me recordó que aún tenía camino por andar. Y entendí que sobrevivir no es suficiente: hay que **abrazar la vida que nos abraza**, incluso cuando llegue con cicatrices y recuerdos que duelen.

No se trata de olvidar el miedo, sino de caminar con él tomado de la mano, recordándole que aquí y ahora **soy yo quien decide**.

Tal vez nunca sepa por qué nos salvamos aquel día en el río, pero sí sé qué haré con ese regalo: **vivir con propósito, amar sin reservas y honrar cada amanecer.**

Porque si la vida te elige, **lo mínimo que puedes hacer es elegirte tú también.**

— *Alexandra Delgado*

Bibliografía

- **Dana, D.** (2020). *Polyvagal exercises for safety and connection: 50 client-centered practices.* W.W. Norton & Company.

- **Damasio, A.** (2018). *El extraño orden de las cosas.* Destino.

Herman, J. (1992). *Trauma and recovery.* Basic Books.

- **Levine, P.** (1997). *Waking the tiger: Healing trauma.* North Atlantic Books.

- **Malchiodi, C.** (2015). *Creative interventions with traumatized children.* The Guilford Press.

- **Menakem, R.** (2021). *My grandmother's hands.* Penguin Random House.

- **Porges, S.** (2011). *The polyvagal theory: Neurophysiological foundations of emotions, attachment, communication, and self-regulation.* W.W. Norton & Company.

16. LA DESPEDIDA QUE NUNCA LLEGO

Hay vínculos que aunque no se curan del todo, se sostienen con hilos

✍ Mi historia personal

"No cambié el pasado. Cambié mi forma de relacionarme con él."

Mi padre, como todos los seres humanos, tuvo **aciertos** y **desaciertos**. Fue él quien **marcó mi infancia**, tanto por lo que me dio como por lo que no supo darme.

Con los años comprendí algo esencial: **también él había crecido herido**. No tuvo un padre presente y, aunque su madre estaba físicamente, emocionalmente era una **figura ausente**. Nunca lo escuché hablar de su dolor, pero conocí fragmentos de su historia a través de los relatos de otros familiares. Y, aun sin desahogarse jamás conmigo, fui testigo de cómo **se desvivió por cuidar a su madre hasta el último suspiro**. *Paradójicamente, nunca vi de ella un gesto de amor hacia él.* Observar esa dinámica —aunque dolorosa— fue **sanando, sin que me diera cuenta, partes de mi propia herida**.

A veces me sentía como **la madre de mi propio padre**. Me volví más exigente, más crítica, más consciente de **todo lo que me faltó**. Hubiera querido que **él sanara a su niño interior**, que me diera el afecto que yo necesitaba.

Sin embargo, no puedo negar que **mi padre era un hombre extraordinariamente inteligente**. Nunca asistió a la escuela, pero hacía cálculos mentales con precisión, comprendía de leyes, de lógica y de calle. Y lo más hermoso: tenía **un corazón inmenso para ayudar a los demás**. Era generoso, genuino.

Fue el cuarto de siete hermanos. Lo precedieron tres hermanas y, después de él, nacieron otras dos mujeres más, hasta que finalmente llegó un hermano varón... cuando él ya era un hombre. *Casi que le tocó ser más padre que hermano.*

Nunca sentí **rencor** hacia él. Lo que sentí fue **una búsqueda constante de su amor, su atención y su aprobación**. Y aunque ese amor no llegó como lo imaginaba, llegó... porque **me gané su respeto**. *Tal vez sí me quiso, a su manera.*

Recuerdo que, cuando comencé mi propio proceso de sanación, él muchas veces se mostraba **enojado sin razón aparente**. Pero descubrí algo sorprendente: **si me acercaba, le tomaba las manos con suavidad y le hablaba bajito, algo en él se calmaba**. *Era como si, por un instante, todo su enojo se desvaneciera.*

En algún momento comenzó a decirme: *"Tú eres como yo"*. Nunca le pedí que lo explicara, pero ahora lo entiendo: **él también había sufrido profundamente**. Y, aun así, tuvo amor para su madre. Incluso cuando encontró a su padre biológico —después de **32 años** sin verlo— **lo amó como si nunca lo hubiese abandonado**.

Yo también amé a mi padre.

La despedida entre nosotros **nunca llegó**. Quizás porque esa historia infantil **nunca terminó de cerrarse**. Él sabía que me había causado dolor, pero no sabía cómo repararlo. Solo repetía: *"Yo soy bruto, por eso cometo tantos errores."*

Y yo… yo aún estaba **atrapada en las huellas de la infancia,** la adolescencia y gran parte de mi vida adulta. *No pude amarlo sin sombras.*

Mi padre murió **sin decirme muchas cosas** que estoy segura quería expresar. Y yo **no estuve con él** en su último momento para sostenerle la mano, para hablarle bajito, para sacarlo de esa angustia… como tantas veces lo hice antes.

Pero hoy, en este presente que he elegido sanar, **también decido liberarlo… y liberarme.**

Porque **entiendo que no tuvo las mismas oportunidades que yo.**
Porque **reconozco que hizo lo que pudo con lo que tenía.**
Porque **seguir culpándolo solo prolongaría mi herida… y la de mis hijos.**

Hoy, **al honrar mi historia,** también **los libero a ellos.**
Porque **no merecen cargar con cadenas que no les corresponden.**

La vida es un espejo: a veces nos refleja, otras veces nos revela.
Pero siempre… **es nuestra decisión la que marca la diferencia.**

Análisis psicológico y neurocientífico

Sanar la relación con una figura parental no es simplemente un acto simbólico de perdón: **es una reconfiguración**

profunda del sistema nervioso, del vínculo con uno mismo y del legado emocional que se transmite entre generaciones.

La *psicología del apego*, fundada por **John Bowlby**, plantea que los *modelos internos de relación* —la manera en que nos sentimos amados, vistos o rechazados por nuestros cuidadores primarios— quedan impresos en el cerebro como **circuitos de referencia afectiva**. Cuando un padre es emocionalmente inaccesible, ambiguo o inconsistente, el niño no solo sufre carencias afectivas, sino que también **aprende a normalizar la inseguridad emocional**, a suprimir necesidades y a volverse **hipercompetente** o **hipervigilante** como forma de adaptación.

Mary Ainsworth describió esto como *apego inseguro ansioso*, un estilo de vinculación en el que la persona busca constantemente señales de amor, pero sin certeza de merecerlo. En la adultez, se manifiesta como una **búsqueda insaciable de validación**, necesidad de complacer o incapacidad para confiar en el amor sin condiciones.

La experiencia relatada no solo refleja esa **búsqueda infantil de afecto**, sino también el intento de *invertir roles*: la hija que se convierte en sostén emocional del padre. Este fenómeno, descrito por **Jasmin Lee Cori** como parte del trauma de la *"niñez emocionalmente huérfana"*, implica que el hijo deja de ser hijo para convertirse en *"cuidador emocional"* del adulto herido.

Desde la *neurociencia del trauma relacional*, **Bessel van der Kolk** señala que las memorias emocionales no resueltas **no desaparecen con el tiempo**: permanecen activas en el sistema nervioso, influyendo en reacciones, vínculos y estados emocionales. Aquí se suma la *teoría polivagal* de **Stephen Porges**, que explica cómo el sistema nervioso busca constantemente

señales de seguridad. Los momentos en que la autora calmaba el enojo de su padre con *contacto físico* y *voz suave* son instantes de **co-regulación**, donde dos sistemas nerviosos se sincronizan y reducen la activación defensiva.

Daniel Siegel denomina a este fenómeno *integración interpersonal*: cuando alguien con heridas emocionales logra vivir un momento de **conexión segura**, el cerebro registra **nuevas experiencias** que pueden modificar viejos patrones. Así, cada instante de conexión con el padre no solo calmó el presente, sino que sembró **nuevas memorias afectivas** para ambos.

La *neurociencia interpersonal* coincide con **Anne Ancelin Schützenberger** en que, si no se resuelven estos conflictos, se transmiten *lealtades invisibles* y patrones inconscientes que pasan de generación en generación como **mandatos emocionales no expresados.** Por eso, **liberar al padre también implica romper una cadena transgeneracional**, evitando que esa carga llegue a los hijos.

Peter Levine, creador de la terapia somática, explica que cerrar ciclos emocionales permite **descargar la energía retenida en el cuerpo** por experiencias pasadas, evitando que se reactive. *El cuerpo guarda lo que la mente no pudo nombrar,* y hasta que no se trabaje desde el cuerpo, el vínculo y la consciencia, la herida seguirá viva.

Por eso, decir *"te libero"* no es suficiente: **debe haber un trabajo interno que otorgue peso neuroemocional a esa frase.** Soltar a un padre ausente, negligente o emocionalmente herido es aceptar que no habrá un cierre perfecto, pero aun así **elegir no repetir la historia.**

El perdón real, entonces, **no es para el otro**, sino para que quien lo otorga no viva atado a *lo que no fue, lo que no se dijo, lo que no se reparó*. La *despedida que nunca llegó* se transforma en una decisión presente: **despedirse del dolor como identidad** y abrir espacio a una narrativa donde el pasado ya no dicte el rumbo de la vida.

💔 Para ti, lector

Tal vez tú también tengas una despedida que nunca llegó.
Puede que haya sido con tu padre, tu madre, un hermano, un amor… o incluso contigo mismo.
Quizá guardas palabras que nunca dijiste, abrazos que no diste, lágrimas que no dejaste caer.

No importa cuántos años hayan pasado.
Si algo dentro de ti sigue doliendo, si aún te descubres recordando, analizando o imaginando escenarios distintos… *es porque no ha sanado.*
Y no, no se trata de *"olvidar"* o de *"soltar"* a la fuerza, ni de repetir frases vacías como *"ya lo superé"*.
Si fuera tan fácil, **no estarías leyendo estas líneas.**

La verdad, aunque incomode, también libera: **el tiempo no sana.**
Lo que sana es lo que haces con ese tiempo.
Quizás fuiste herido por alguien que debía cuidarte.
Quizás esperaste una disculpa que nunca llegó, o una versión distinta de los hechos que jamás existió.
Lo que sigues cargando no es a esa persona, sino la historia que construiste en torno a ella:
el significado que le diste, la versión idealizada de lo que pudo haber sido, la necesidad de que algún día todo cobre sentido.

Y así, sin darte cuenta, puedes quedarte atado… **no a un vínculo real, sino a una sombra.**

No es debilidad: *es lo que el dolor hace cuando no se enfrenta.*

Se queda atrapado en la mente, repitiéndose, analizándose, culpando, imaginando…

Y cada vez que vuelves a ese pasado, **es como si tú mismo abrieras una herida que necesita descansar.**

La mente es como una casa: *cada pensamiento que dejas entrar se convierte en un huésped.*

Si ese pensamiento te drena o te hiere, está ocupando un espacio que podrías llenar de paz, pero no puedes… porque tú mismo le abriste la puerta.

Seguirás siendo rehén de ese recuerdo **hasta que decidas conscientemente cerrar el ciclo emocional** que lo mantiene vivo.

Sanar **no es justificar lo que pasó.**

No es forzarte a perdonar de inmediato.

Y mucho menos obligarte a sentir compasión por quien te destruyó.

Sanar es elegirte.

Es dejar de alimentar mentalmente aquello que te lastima.

Es decir: *ya no más.*

No más análisis sin fin.

No más nostalgia por lo que nunca fue.

No más esclavitud emocional a una historia que no cambia.

Porque si no lo haces, **esa huella se convertirá en tu destino.**

No porque lo merezcas, sino porque *todo lo que no se hace consciente… se repite en la sombra.*

Por eso, este capítulo es para ti.

Para que lo leas **no con culpa, sino con valor.**

Para que dejes de cargar con una historia que no escribiste tú, pero que sí puedes transformar.

Para que, aunque tiemble todo por dentro, puedas mirar al pasado y decir:

Aquí termina.

Aquí termina el dolor sin nombre.

Aquí termina el vínculo invisible que te ata.

Aquí termina la ilusión de que necesitas otra versión del pasado para estar bien.

Y aquí empieza algo nuevo: **tú.**

Tú, eligiéndote.

Tú, construyendo una paz que no depende de nadie más.

Ⓒ **Guía terapéutica – Liberarte para no heredar cadenas**

1. Reconoce la historia completa, no solo la herida.

No eres únicamente lo que te faltó o lo que te dolió. También eres lo que aprendiste, lo que desarrollaste para sobrevivir y lo que hoy eliges transformar. Ver la historia completa —con sus luces y sombras— te permite encontrar un punto de cierre más justo para ti.

2. Comprende que la ausencia emocional no siempre es rechazo.

Quien no supo amarte quizá tampoco supo amarse a sí mismo. Esta comprensión no excusa el dolor vivido, pero te ayuda a despersonalizarlo: *no fue tu culpa, ni un reflejo de tu valor.*

3. Crea un ritual de liberación.

No necesitas que la otra persona esté presente para despedirte. Puedes escribirle una carta (aunque nunca la envíes), encender una vela, plantar un árbol o realizar un acto simbólico que represente soltar lo que ya no quieres cargar.

4. Usa la compasión como herramienta, no como justificación.

La compasión reconoce el sufrimiento ajeno sin negar el tuyo. No es justificar lo que pasó, sino dejar de vivir en guerra con una historia que ya no puedes cambiar.

5. Detén la transmisión de la herida.

Cada vez que eliges no repetir un patrón de ausencia, críticas o invalidación con tus hijos o personas cercanas, estás rompiendo cadenas invisibles. La sanación personal se convierte así en un legado emocional más valioso que cualquier herencia material.

6. Practica el autocuidado activo.

El vacío que deja una despedida inconclusa puede llenarse con acciones que nutran tu autoestima: rodearte de personas seguras, validar tus emociones, y recordarte que mereces vínculos que te sostengan.

◌◌Reflexión final

El tiempo no borra lo que tú sigues alimentando.
La verdadera libertad no llega al olvidar, sino al **atreverte a mirar el dolor**… y decidir que ya no tendrá poder sobre ti.

No viniste al mundo a cargar con historias que no elegiste.
Tampoco a **mendigar amor** donde solo se espera utilidad.
Tu vida no se mide por **cuánto aguantaste**, sino por **cuánto te atreviste a transformarte**.

Hoy puedes honrar lo que diste, incluso a quienes no supieron recibir.

Pero ya no desde la herida… sino **desde la dignidad** de quien, por fin, decidió elegirse.

Libéralo… y **libérate**.

Porque al romper esa cadena invisible, no solo cierras tu propia herida:
también les entregas a quienes vienen después una historia menos pesada,
un camino más limpio,
una vida sin las huellas que un día te ataron a ti.

— **Alexandra Delgado**

Bibliografía

- **Ainsworth, M. D. S.** (1978). *Patterns of attachment: A psychological study of the strange situation.* Hillsdale, NJ: Lawrence Erlbaum Associates.

- **Bowlby, J.** (1988). *A secure base: Parent-child attachment and healthy human development.* New York: Basic Books.

- **Cori, J. L.** (2017). *The emotionally absent mother: How to recognize and heal the invisible effects of childhood emotional neglect.* New York: The Experiment.

- **Levine, P. A.** (1997). *Waking the tiger: Healing trauma.* Berkeley, CA: North Atlantic Books.

- **Porges, S. W.** (2011). *The polyvagal theory: Neurophysiological foundations of emotions, attachment, communication, and self-regulation.* New York: W. W. Norton & Company.

- **Schützenberger, A. A.** (1998). *The ancestor syndrome: Transgenerational psychotherapy and the hidden links in the family tree.* London: Routledge.

- **Siegel, D. J.** (2012). *The developing mind: How relationships and the brain interact to shape who we are* (2nd ed.). New York: Guilford Press.

- **van der Kolk, B. A.** (2014). *The body keeps the score: Brain, mind, and body in the healing of trauma.* New York: Viking.

17. INFANCIA HERIDA

No todo lo que duele
hace ruido.

✍ Capítulo especial: Comprender, acompañar y liberar el trauma del abuso sexual infantil

"Este capítulo no es mi historia, pero es la de muchos. Y por ellos, por ellas, por quienes aun no pueden hablar... escribo estas paginas."

Nota de contenido sensible: Este capítulo aborda el abuso sexual infantil. Si en algún momento sientes que el contenido te activa, **pausa, respira, busca apoyo** y regresa cuando te sientas a salvo. Este texto no sustituye terapia ni intervención profesional.

Testimonio

Antonieta, 30 años

Tras el divorcio de mis padres, mi mamá quedó emocionalmente devastada. Tiempo después llegó un hombre que, con imagen de *"salvador"*, se ganó nuestra confianza. De día era amable; de noche entraba a mi cuarto.

Empezó con caricias que se convirtieron en tocamientos. Me decía: *"Este es nuestro secreto"*.

Recuerdo episodios como cubiertos por neblina. En una ocasión, creo que me violó mientras estábamos solos en casa. Nunca lo dije. Aprendí a fingir, a llorar en silencio, a callar.

El abuso terminó cuando él y mi madre se separaron, pero yo quedé rota por dentro. Guardé silencio por miedo a destruir la aparente estabilidad que necesitábamos. Cuando ella cayó en depresión, enterré todo aún más.

Hoy vivo con ansiedad, insomnio y miedo constante. Me cuesta disfrutar la intimidad con mi esposo; a veces siento mi cuerpo desconectado.

Contarlo ahora, por primera vez, es mi acto de valentía. Tal vez, el primer paso hacia mi libertad.

Análisis de la autora

Este capítulo no narra mi historia personal como víctima, porque no lo fui. Sin embargo, como psicóloga y acompañante terapéutica he caminado junto a muchas personas que sí lo fueron. He visto cómo el abuso sexual infantil deja huellas indelebles en el cuerpo, en la mente y en el vínculo con los demás.

El silencio impuesto —por el agresor y, a veces, por el propio contexto— perpetúa la herida. Sin embargo, con un acompañamiento seguro y especializado, es posible abrir un camino real hacia la reparación y la recuperación del sentido de dignidad.

1. Qué es y cómo opera

El abuso sexual infantil raramente ocurre de manera abrupta. Generalmente se instala mediante un proceso llamado **grooming** o acercamiento progresivo, que incluye:

- **Generar confianza** con la víctima y su entorno.
- **Normalizar el contacto físico** poco a poco.

- **Imponer el secreto** como "prueba de cariño" o "complicidad".

El agresor aprovecha **asimetrías de poder** —edad, autoridad, dependencia económica o emocional— y con frecuencia se presenta como figura protectora. Esto produce **lealtades contradictorias** y sentimientos de culpa que jamás pertenecen al niño o la niña.

Como explica **Jennifer J. Freyd** en su *Teoría del Trauma por Traición*, el daño se agrava cuando el agresor es una figura en la que la víctima debería poder confiar.

2. Por qué muchos callan

- Miedo a represalias o a no ser creídos.

- Vergüenza por sentir que "participaron" en algo que no comprendían.

- Confusión ante el vínculo con el agresor.

- Amenazas explícitas o implícitas.

- Temor a romper a la familia o a perder el único "apoyo" que perciben.

El entorno puede invalidar con frases como: *"¿Estás segura?"*, *"No digas eso"*, o minimizar el daño.

Según **Judith Herman**, este tipo de respuestas destruyen la confianza de la víctima en su propia percepción, la persona comienza a dudar de sí misma, a sentir que sus emociones no son legítimas y, como consecuencia, se refuerza el silencio y el aislamiento.

3. Huellas frecuentes en la vida adulta

El abuso sexual infantil es una experiencia traumática que irrumpe en lo más íntimo de la persona, dejando una huella profunda que, si no se atiende, puede acompañar toda la vida.

En el plano emocional y psicológico:

- Trastorno de Estrés Postraumático (TEPT).

- Ansiedad crónica.

- Depresión.

- Dificultades para confiar y establecer vínculos seguros.

- Sentimientos de culpa y vergüenza persistentes.

- Disociación.

En el plano físico:

- Trastornos del sueño.

- Dolores crónicos.

- Problemas gastrointestinales.

- Respuestas somáticas ante estímulos asociados al abuso.

En el plano relacional:

- Dificultades para disfrutar la intimidad sexual.

- Miedo a la cercanía emocional.

- Tendencia a relaciones abusivas o de dependencia.

- Evitación del contacto físico o, en el extremo opuesto, hiperadaptación para complacer.

El neurocientífico **Bessel van der Kolk** explica que el trauma "vive en el cuerpo" y que la memoria traumática no se procesa de forma lineal, sino a través de sensaciones y reacciones físicas que pueden reactivarse años después.

💗 Para ti, lector

Si alguna vez tu cuerpo fue tocado sin tu consentimiento, si te arrancaron la seguridad con la que un niño debería dormir, si tu voz fue ahogada con amenazas o miradas que te helaron la sangre... quiero que sepas que **no estás exagerando, que no lo imaginaste, que no fue tu culpa.**

Tal vez fueron sus manos, sus palabras, su fuerza o su control lo que dejó marcas visibles e invisibles en ti. Quizás aún sientas miedo al cerrar los ojos, o tu cuerpo se tense ante un gesto que otros no comprenden. Y si alguna vez te preguntas por qué, después de tantos años, todavía duele, la respuesta es simple: **porque lo que viviste no debió ocurrir jamás.**

Puede que hayas aprendido a disimular, a sonreír cuando por dentro estabas rota. Puede que hayas creído que *callar era la única forma de sobrevivir.* Y en ese silencio, tal vez te convenciste de que **tu vida ya estaba marcada para siempre.**

Pero aquí estás, leyendo estas palabras. Y eso significa que, aunque intentaron quebrarte, **hay una parte de ti que sigue buscando luz.** Esa parte merece ser escuchada, cuidada y protegida.

No se trata de olvidar ni de fingir que no pasó. Se trata de **mirar tu historia con la certeza de que tu valor no se mide por lo que te hicieron, sino por lo que decides hacer con lo que te pasó.** Sanar no borrará las cicatrices, pero sí puede devolverte la vida que un día te arrebataron.

Hoy, aunque duela, puedes dar el primer paso. **Porque no eres lo que te hicieron. Eres todo lo que aún puedes llegar a ser cuando te devuelves a ti misma.**

◎ Guía de herramientas para sanar

Sanar de una herida tan profunda no es lineal ni inmediato. Es un camino que merece respeto, tiempo y acompañamiento

1. **Reconoce** que lo que pasó no fue tu culpa.

2. **Busca** un espacio terapéutico seguro.

3. **Trabaja** la conexión con tu cuerpo.

4. **Construye** una red de apoyo confiable.

5. **Regula** tus emociones.

6. **Dale voz** a lo silenciado.

7. **Reaprende** la intimidad.

▲ Test de señales de alerta tras un abuso sexual en la infancia

Si respondes "Sí" a varias de estas preguntas, es importante que busques acompañamiento profesional lo antes posible.

A. Emociones y pensamientos

1. ¿Sientes vergüenza o culpa al recordar lo que ocurrió?

2. ¿Te cuesta confiar en las personas?

3. ¿Tienes recuerdos intrusivos del abuso?

4. ¿Evitas hablar o pensar en ello, pero igual sientes malestar?

5. ¿Sientes que perdiste tu infancia?

B. Cuerpo y sensaciones

6. ¿Tienes dolores físicos recurrentes sin causa médica clara?

7. ¿Sufres problemas de sueño o pesadillas?

8. ¿Sientes tu cuerpo como "extraño" o "separado" de ti?

9. ¿Reaccionas físicamente ante estímulos que te recuerdan al abuso?

C. Relaciones e intimidad

10. ¿Te resulta difícil disfrutar la intimidad sexual?

11. ¿Evitas el contacto físico incluso con personas cercanas?

12. ¿Has tenido relaciones marcadas por desconfianza o miedo al abandono?

13. ¿Sueles ceder para evitar conflictos, aunque no quieras?

D. Conductas y hábitos

14. ¿Usas comida, alcohol o trabajo para no pensar en lo ocurrido?

15. 15. ¿Te aíslas socialmente para evitar sentirte vulnerable?

16. ¿Te cuesta poner límites?

17. ¿Vives en estado de alerta constante?

Interpretación:

- **5 o más "Sí"**: señales de trauma activo. Busca apoyo especializado.

- **10 o más "Sí"**: prioridad alta para iniciar un proceso terapéutico.

⊙⊙Reflexión final

El abuso sexual infantil es una herida profunda, pero no es una condena perpetua. Recuperar la voz, la dignidad y la capacidad de sentir seguridad en el propio cuerpo es posible. Cada paso que das hacia tu cuidado es un acto de resistencia y de amor propio.

Bibliografía

• **Freyd, J. J.** (1996). *Betrayal Trauma: The Logic of Forgetting Childhood Abuse.* Harvard University Press.

• **Herman, J. L.** (1992). *Trauma and Recovery.* Basic Books.

• **Van der Kolk, B.** (2014). *The Body Keeps the Score: Brain, Mind, and Body in the Healing of Trauma.* Viking.

18. LIBERTAD EMOCIONAL

**Soltar no es olvidar,
es honrar lo vivido**

Historia personal

"La verdadera libertad no se encuentra en huir del pasado, sino en mirarlo de frente, abrazarlo con compasión y decidir que ya no tendrá poder sobre tu presente."

Hubo un momento en mi vida en el que creí que sanar significaba olvidar. Pensaba que, si realmente quería avanzar, debía dejar de sentir, de recordar, de mirar atrás.
Pero fue mi propia historia la que me enseñó que **soltar no es sinónimo de olvidar**.
Soltar es aceptar lo vivido con compasión, sin arrastrar el pasado como una cruz.
Es mirar las heridas, honrarlas y darles un lugar distinto: uno de aprendizaje, no de sufrimiento eterno.

Hoy puedo decirlo con certeza: **fui una niña rota, pero ya no soy solo eso**.
Soy una mujer entera, que abraza su pasado sin miedo.

Hubo momentos en los que no entendía por qué mi destino tuvo que ser así. Algunas respuestas llegaron... otras no.
Pero ahora tengo una nueva mirada: **vivir en paz, sin cadenas invisibles atadas al rencor, a la necesidad de ser validada o**

al deseo de una justicia emocional que solo desgasta y consume energía vital.

Sanar me costó el alma.
Me arrancó capas de dolor, de creencias que llevaba pegadas como una segunda piel.
Pero también me regaló alas.

Y cuando comprendí que la libertad emocional es un acto interno —que no depende de que el otro reconozca su culpa ni de que me pida perdón—, entendí que **el poder siempre estuvo en mí**.

🧠 Aporte psicológico y neurocientífico

La libertad emocional no es el resultado de olvidar lo vivido, sino de **transformarlo**.
No se trata de borrar el pasado, sino de **integrarlo** de forma consciente, compasiva y funcional.

Cuando una persona atraviesa un proceso de sanación profunda, su sistema nervioso, su mente y su identidad experimentan una reorganización positiva.
La **Dra. Lisa Feldman Barrett**, experta en neurociencia afectiva, ha demostrado que las emociones no son reacciones automáticas, sino construcciones que el cerebro interpreta a partir de experiencias pasadas.
Por eso, cuando sanas, no solo dejas de reaccionar desde la herida: comienzas a construir nuevas interpretaciones internas que te devuelven **poder, claridad y autonomía emocional**.

Desde la psicología integrativa, **Richard Schwartz**, creador del modelo *Internal Family Systems* (IFS), plantea que dentro de cada ser humano conviven múltiples partes internas:

una que protege, otra que teme, otra que carga el dolor.

Cuando esas partes heridas son escuchadas con compasión y no con juicio, ocurre una liberación interna.

El *Self*—ese núcleo esencial, libre de daño— comienza a liderar, permitiéndote actuar desde el presente y no desde la defensa.

La **neuroplasticidad**, como explica **Norman Doidge**, autor de *The Brain That Changes Itself*, es la capacidad del cerebro de reorganizarse incluso después de años de dolor.

Esta facultad no solo permite **resignificar el trauma**, sino también **construir patrones emocionales nuevos y saludables**.

Una persona que ha sido herida puede aprender a vincularse desde la paz y no desde la carencia, a responder en lugar de reaccionar.

Sanar no es un destino.

Es un proceso que, cuando se consolida, permite una de las mayores conquistas humanas:

la libertad de ser quien verdaderamente eres, sin estar condicionado por tu historia.

Tara Brach, psicóloga y autora de *Radical Compassion*, lo resume así:

"La verdadera libertad no es negar nuestra experiencia, sino abrazarla con ternura y caminar con ella hacia un lugar de mayor verdad."

Y eso es precisamente lo que representa la **libertad emocional**:

Dejar de temer a tus emociones.

Dejar de vivir a la defensiva.

Dejar de necesitar que otros repongan lo que te faltó…

para empezar a elegir desde tu centro, desde tu verdad, desde tu sanación.

Cuando una persona logra esto, **ya no se define por lo que le hicieron**, sino por lo que ha decidido ser.
La libertad emocional no surge cuando el pasado cambia, sino cuando cambiamos el lugar que le damos.
No se trata de borrar lo que fue, sino de **mirarlo desde un lugar de poder interno**, sin depender de una justicia emocional o un reconocimiento externo para validar tu valor.

💔 **Para ti, lector**

Quizás tú también has confundido libertad emocional con olvido.
Tal vez pensaste que sanar sería dejar de sentir, borrar recuerdos o comportarte como si nada hubiera ocurrido. Y, cuando eso no pasó, creíste que estabas fallando en tu sanación.

La verdad es que no necesitas olvidar para sanar. Necesitas **integrar**. Necesitas mirar tu historia con la valentía de quien sabe que duele, pero decide no seguir dándole el poder de dirigir su vida.

Sanar no es un evento, es un proceso.
Y todo proceso necesita una base sólida: autoconciencia, intención y una disposición genuina a construir algo distinto.
No puedes controlar el primer pensamiento que aparece en tu mente, pero sí puedes decidir qué hacer con él.
Los recuerdos vendrán; es parte del camino. No se trata de impedir que crucen tu mente, sino de elegir si te subes a ese tren… o lo dejas pasar.

Cada vez que la memoria te lleve de nuevo a esa herida, haz una pausa. Obsérvala. Pregúntate:

¿Esto me acerca a la paz… o me mantiene atrapado en el dolor?

Si la respuesta es que te mantiene atrapado, entonces es momento de hacer algo distinto. No basta con distraerte: hay que reentrenar la mente. Redirige tu atención hacia lo que te nutre y te devuelve al presente.

La libertad emocional no significa que la herida nunca existió, sino que hoy ya no es la brújula que guía tus pasos. Que puedes recordar sin que el cuerpo se tense, sin que la mente te arrastre a un bucle de dolor. Que puedes hablar de lo vivido sin revivirlo.

La solución no está afuera. Está dentro de ti.
Solo tú puedes darte la paz que mereces. Solo tú puedes cerrar ese capítulo y dejar de vivir esperando que otro lo haga por ti. Elígete. Valídate. Date amor. Acéptate como suficiente.

Porque la buena relación que logres contigo mismo será la que te sane y transforme tu vida.
Y que de esa herida que un día no te dejaba respirar… solo quede la lección. Esa que te hará más sabio, más fuerte, más libre.

La verdadera libertad no te la da el olvido, sino la decisión diaria de no ser rehén de una historia que ya no te define.
El cierre que estás esperando… solo tú puedes dártelo.

Ten siempre presente que: *"Cuando eliges tu paz por encima de tu pasado, el dolor deja de ser una prisión… y se convierte en el sendero que te condujo a tu libertad."*

Guía terapéutica – Vivir desde tu centro

1. Reconoce la herida, sin dejar que te defina

No se trata de negarla ni de justificarla, sino de darle un lugar en tu historia donde ya no condicione tus decisiones.

2. Observa tus pensamientos sin engancharte

Cada vez que un recuerdo te lleve al pasado, detente y pregúntate: *¿Esto me acerca a la paz o me mantiene atrapado?*

3. Reentrena tu respuesta emocional

Sustituye el impulso de revivir la herida por una acción que te devuelva al presente: caminar, respirar, escribir o meditar.

4. Diferencia tu valor de lo que viviste

No eres el abandono, el rechazo ni la carencia que experimentaste. Eres mucho más que tu historia.

5. Integra el aprendizaje

Haz consciente lo que aprendiste del dolor y úsalo como base para construir vínculos más sanos contigo y con los demás.

6. Haz de la elección un hábito

La libertad emocional se cultiva cada día con pequeñas decisiones: qué pensar, qué recordar, qué permitir y qué soltar.

7. Declárate libre en voz alta

Las palabras tienen poder. Por eso, en procesos de sanación, elegir bien lo que decimos es tan importante como escuchar con empatía. Afirma:

"Hoy me elijo, me valido y me libero. Mi historia no me encadena; me impulsa a vivir desde mi centro."

Reflexión final

La *libertad emocional* **no es un regalo que alguien más te da; es**

una conquista que nace de tu decisión de vivir libre.

No llega el día que todo se resuelve afuera, sino **el día que eliges dejar de cargar lo que no te corresponde.**

No puedes cambiar lo que viviste, pero sí **decidir qué lugar tendrá en tu vida** de ahora en adelante.

No se trata de olvidar, sino de transformar la forma en que miras tu historia.

El tiempo no borra lo que sigues alimentando… **pero tu decisión de sanar puede cambiarlo todo.**

Hoy puedes **elegir soltar sin odio, recordar sin dolor y seguir adelante sin cadenas invisibles.**

No para negar lo que fue, sino para honrar lo que eres ahora: **alguien que se reconstruye desde dentro y, por fin, se elige a sí mismo.**

Bibliografía

- **Barrett, L. F.** (2017). *How Emotions Are Made: The Secret Life of the Brain.* Houghton Mifflin Harcourt.

- **Brach, T.** (2019). *Radical Compassion: Learning to Love Yourself and Your World with the Practice of RAIN.* Viking.

- **Doidge, N.** (2007). *The Brain That Changes Itself: Stories of Personal Triumph from the Frontiers of Brain Science.* Viking.

- **Schwartz, R.** (2021). *No Bad Parts: Healing Trauma and Restoring Wholeness with the Internal Family Systems Model.* Sounds True.

19. LA MUJER QUE HOY SOY

No soy lo que viví, soy lo que decidí reconstruir

🖋️ **Historia personal**

Hoy no soy solo lo que me pasó. **Soy lo que decidí hacer con lo que me pasó.**

Soy la mujer que eligió sanar, que decidió mirar de frente su historia, que entendió que la herida no tenía por qué definir su destino. **Elegí estudiar para entenderme, para ayudar, para transformar.** Me convertí en psicóloga para dar sentido a mis propios vacíos; en abogada para proteger lo que otros no protegieron; en investigadora de la conducta humana para prevenir más dolor del que yo viví.

También soy madre, esposa, amiga, autora, guía. Soy muchas cosas, pero, sobre todo, **soy una mujer que se reconstruyó con dignidad.**

Mi historia no es perfecta. Mi vida no ha sido fácil. Pero **ya no soy víctima de lo que viví, sino autora de lo que estoy creando.** Lo que hoy soy no es resultado de un cambio repentino; es fruto de un camino que recorrí paso a paso.

Por amor a mi paz, elegí enfrentar mis heridas no sanadas, romper pactos de silencio y aprender a dirigir mis pensamientos. Ese fue el primer paso hacia mi verdadera sanación.

El reconocimiento y la autoaceptación son pilares fundamentales de la mujer en la que me he convertido. **Aceptarme tal como soy, sin miedo al juicio ajeno, ha sido mi mayor conquista.** Hoy reconozco mis logros y mis avances, por pequeños que sean, porque he comprendido que **mi voz sobre mí misma es la que más importa.**

No siempre fue así. Hubo días en los que creí que no valía la pena seguir, noches en las que me sentí más rota que viva. Pero elegí seguir adelante, no porque el camino fuera fácil, sino porque descubrí que **soy más fuerte que cualquier herida que intentó definirme.**

Hoy, miro atrás y agradezco a la mujer que, aun con miedo, decidió levantarse. Y miro al frente con la certeza de que **lo mejor de mí no quedó en el pasado… está en lo que aún me queda por vivir.**

Análisis psicológico y neurocientífico

El relato de *"La mujer que hoy soy"* representa un ejemplo profundo de lo que la psicología del trauma define como **resiliencia narrativa**: la capacidad de resignificar el dolor pasado y convertirlo en una fuente de transformación personal. Este proceso implica **romper con la identificación exclusiva con el trauma** y dar paso a una nueva identidad basada en elecciones conscientes, no en heridas pasadas.

Desde la teoría del apego y el desarrollo emocional, autores como **John Bowlby** y **Daniel Siegel** sostienen que la identidad se moldea en función de las relaciones tempranas, pero también puede reconstruirse a través de la conciencia y el trabajo interno. El hecho de decir "ya no soy víctima de lo que viví, sino autora de lo que estoy creando" refleja un cambio profundo desde una posición de *indefensión aprendida* (Seligman, 1975) hacia una posición de **agencia emocional y narrativa**.

A nivel neurocientífico, este tipo de transformación tiene correlatos en el cerebro. El trabajo de **Norman Doidge** y otros neurocientíficos confirma que experiencias de reflexión consciente, autoaceptación y elección de nuevos significados pueden activar procesos de **neuroplasticidad**, particularmente en regiones como la **corteza prefrontal**, que está asociada con la toma de decisiones, el juicio, la empatía y la regulación emocional.

Además, elegir estudiar para entenderse —como ocurre en esta narrativa— es una forma de integrar los hemisferios cerebrales, favoreciendo el equilibrio entre emoción y razón, entre lo que sentimos y cómo lo comprendemos. Según Siegel, este tipo de integración promueve la **coherencia narrativa**, un elemento clave para la sanación del trauma.

Otro elemento esencial es la autoaceptación. La autora reconoce que su historia no es perfecta, pero que su valor no depende de esa perfección. Esta mirada compasiva hacia una misma es uno de los pilares de la **autocompasión consciente** (*mindful self-compassion*), un enfoque terapéutico impulsado por **Kristin Neff**, que ha demostrado ser un factor protector frente a la ansiedad, la depresión y el autoconcepto dañado.

Finalmente, el hecho de decir "mi opinión es la más importante" refleja una reconfiguración del sistema de creencias internas. Ya no se rige por el juicio externo, sino por un **núcleo interno de validación**. Este cambio es esencial para la autonomía emocional y se relaciona con el fortalecimiento del *sí mismo adulto*, una figura interna que asume el liderazgo afectivo que quizás antes estuvo fragmentado.

Sanar, en este caso, no es olvidar el dolor, sino integrarlo como parte del camino. Y desde una mirada neuropsicológica, esto implica literalmente construir nuevas rutas neuronales, nuevas formas de contarse la vida, nuevas formas de ser.

🧬 Neurociencia de la sanación

Gracias a los avances en neurociencia afectiva y epigenética, hoy sabemos que:

• **El cerebro cambia:** La neuroplasticidad permite formar nuevas conexiones neuronales incluso en la adultez. Esto significa que los patrones de pensamiento, emoción y reacción adquiridos por trauma pueden transformarse con práctica y terapia **(Siegel, 2012)**.

• **El sistema nervioso se regula:** Según **Stephen Porges,** la Teoría Polivagal explica cómo el cuerpo entra en estados de defensa ante amenazas pasadas. Aprender a regular nuestro sistema nervioso es clave para sentirnos seguros y reconectar con el presente.

• **El cuerpo guarda la historia:** Como plantea **Bessel van der Kolk,** el trauma no procesado se almacena somáticamente. Por eso, las prácticas corporales (respiración, mindfulness, yoga, *EMDR,* terapias somáticas) son tan importantes en la reconstrucción de la identidad.

- **De sobreviviente a protagonista** Reconstruirse es pasar de sobreviviente a protagonista. Es dejar de actuar desde las heridas y comenzar a vivir desde la elección. Esto requiere: - Reconocer el trauma sin vergüenza. - Nombrar lo que dolió, sin minimizarlo. - Asumir que no podemos cambiar el pasado, pero sí nuestra relación con él.

Daniel Siegel lo resume así:

"La integración es la clave del bienestar. Cuando hacemos sentido de nuestra historia, sanamos."

♥ Para ti, lector

Tal vez tú también has sentido que eras únicamente el resultado de lo que te hicieron. Que tu historia se definía por lo que otros dijeron de ti, por las heridas que no buscaste, por lo que perdiste o por lo que nunca recibiste.

Pero no estás hecho solo de eso. **También estás hecho de lo que hoy decides hacer con todo eso.** No eres la herida: **eres quien puede sanarla.**

Y aunque no hayas elegido las circunstancias que marcaron tu infancia o tu camino, hoy sí puedes elegir cómo seguir escribiendo tu vida. Puedes tomar todo ese dolor y, en lugar de negarlo o cargarlo como condena, **convertirlo en puente hacia tu fuerza.**

Ser adulto no es solo crecer en años; es **asumir el poder de elegir con conciencia,** incluso si el pasado aún duele. Es atreverte a mirarte sin juicio, a reconocerte sin vergüenza y a aceptarte sin condiciones.

Quizás nunca te enseñaron a valorarte. Quizás has vivido más desde la culpa que desde el amor propio. Pero aún estás a tiempo:

- **A tiempo de comenzar a hablarte con respeto.**

- **A tiempo de defender lo que sientes.**

- **A tiempo de ser la voz que necesitaste cuando eras niño.**

No será de un día para otro. No será sin lágrimas. Pero será real. Será tuyo. Y valdrá cada paso.

Hoy te invito a comenzar contigo. A dejar de esperar validación externa y comenzar a sostenerte con amor. A dejar de vivir desde lo que perdiste y empezar a vivir desde lo que estás dispuesto a construir.

No hay versión más valiente de ti... **que aquella que elige ser libre, a pesar de todo lo vivido.**

Guía para sostener y expandir tu transformación

1. Refuerza tu narrativa de poder

- Repite frases que te conecten con tu valor: *"Soy más que mi pasado"*, *"Yo elijo quién soy"*.

- Escribe y revisa tu historia desde el enfoque de todo lo que has superado.

2. Alimenta tu mente con referentes positivos

- Rodéate de personas, lecturas y contenidos que refuercen tu visión de vida.

- Evita entornos que minimicen tu crecimiento o te devuelvan a viejos patrones.

3. Cuida tu cuerpo como tu primera casa

• Practica movimiento consciente: caminar, yoga, danza o cualquier actividad que te haga sentir energía.

• Atiende tus señales físicas de estrés o cansancio sin ignorarlas.

4. Crea rituales diarios de autocuidado

• Comienza y termina tu día con acciones que te nutran (lectura, gratitud, meditación, música).

• Dedica al menos 10 minutos al día a estar contigo mismo, en silencio o en algo que disfrutes.

5. Ponte metas que te inspiren

• No tienen que ser grandes; lo importante es que te emocionen.

• Celebra cada avance, por pequeño que sea.

6. Entrena tu mente para la resiliencia

• Aprende a redirigir pensamientos que te desmotivan hacia perspectivas más constructivas.

• Usa técnicas como la respiración profunda o el mindfulness para anclarte en el presente.

7. Comparte tu proceso con alguien de confianza

• Hablar de tus avances fortalece tu compromiso y refuerza tu autoestima.

• Escucha perspectivas externas, puede ayudarte a ver logros que tú mismo no percibes y recordarte lo lejos que has llegado.

👀Reflexión final

No me convertí en la mujer que soy por casualidad, sino por elección. Elegí no quedarme en el papel de víctima, aunque hubiera razones para hacerlo. Elegí aprender, crecer y construir una vida que honre quién soy y lo que merezco.

Y así como yo elegí, **tú también puedes hacerlo**. No importa cuántas veces hayas caído, lo que importa es que cada caída sea un punto de impulso, no un final.

La libertad emocional y la dignidad no se heredan: se construyen, se cuidan y se defienden todos los días. **Y la mejor versión de ti siempre estará por delante, no detrás**.

No naciste para quedarte atrapado en la historia que te rompió, sino para convertirte en la fuerza que un día soñaste tener.

Aún con cicatrices, puedes ser abrigo.

Aún con temores, puedes ser faro.

Porque el verdadero poder no está en no haber caído nunca... sino en haberte levantado cada vez con más verdad.

Bibliografía

- **Bowlby, J.** (1988). *A Secure Base: Parent-Child Attachment and Healthy Human Development*. Basic Books.

- **Doidge, N.** (2007). *The Brain That Changes Itself: Stories of Personal Triumph from the Frontiers of Brain Science*. Viking.

- **Neff, K.** (2011). *Self-Compassion: The Proven Power of Being Kind to Yourself*. William Morrow.

- **Porges, S. W.** (2011). *The Polyvagal Theory: Neurophysiological Foundations of Emotions, Attachment, Communication, and Self-Regulation.* W. W. Norton & Company.

- **Seligman, M. E. P.** (1975). *Helplessness: On Depression, Development, and Death.* W. H. Freeman.

- **Siegel, D. J.** (2012). *The Developing Mind: How Relationships and the Brain Interact to Shape Who We Are* (2nd ed.). The Guilford Press.

- **Van der Kolk, B. A.** (2014). *The Body Keeps the Score: Brain, Mind, and Body in the Healing of Trauma.* Viking.

20. EL PROPÓSITO DE SANAR

Trascender fue mi propósito. Sanar, mi camino.

Historia personal

"No eres valioso por lo que haces, ni por cómo te perciben los demás... eres valioso simplemente porque existes."

El propósito de sanar va mucho más allá de "sentirse bien" o de pasar página. Sanar es una decisión radical y profunda que transforma la forma en que respiras, miras, amas… y vives.

Sanar no significa negar la herida, minimizarla o fingir que no existió. Sanar es honrarla. Es mirarla de frente y decirle: *"Gracias por mostrarme lo que necesitaba ver. Ya no te necesito como protección, ahora elijo mi libertad."*

Es como soltar una maleta emocional que has cargado durante años, tan pesada que apenas podías dar un paso. Cuando la sueltas, tu cuerpo respira distinto, tus hombros se liberan, tus pasos se vuelven firmes… y sin darte cuenta, ya no eres la misma persona que inició el camino.

Porque sanar no es el final de nada: es el inicio real de tu vida. Es el punto donde dejas de sobrevivir para empezar a vivir.

En mi propio camino, sanar me ha permitido:

- **Liberar mi pasado**, y con ello, liberarme a mí misma... y también liberar al amor más puro que tengo: mis hijos.

- **Recobrar mi amor propio**. No hablo de mirarme al espejo y repetirme frases vacías, sino de cultivar una relación real, sana y equilibrada conmigo misma. Amor propio no es arrogancia ni egocentrismo: es aceptarme con mis luces y mis sombras, sin condiciones ni juicios destructivos.

- **Reconocer mi valor sin depender de la validación externa**. Descubrí que no necesito agradar para merecer, ni encajar para ser aceptada.

- **Cuidar mi bienestar mental y físico** estableciendo límites saludables... y, por primera vez, sin sentir culpa por hacerlo.

- **Comprender que la felicidad no es un regalo que llega de afuera**, sino una semilla que se cultiva adentro con acciones y decisiones diarias.

- **Recordar que la forma en que me trato** define el estándar para todo lo que permito y construyo en mi vida.

Sanar es volver a ti. Es ese regreso a tu propio corazón donde, después de tanta búsqueda afuera, descubres que siempre has sido suficiente, valiente y digna de amor.

Aporte psicológico y neurocientífico

Sanar no es simplemente dejar de sufrir; es abrirse a una transformación profunda que genera beneficios reales y medibles a nivel psicológico, emocional y biológico, como lo demuestran investigaciones de **Kristin Neff, Christopher**

Germer, **Bessel van der Kolk** y otros referentes en neurociencia y psicología clínica.

En términos clínicos, este proceso es un tránsito desde la **indefensión aprendida** hacia la **agencia personal**, como lo describe **Martin Seligman**. Ese cambio reestructura la narrativa interna y modifica la manera en que el cerebro procesa las experiencias.

1. Beneficios psicológicos

Iniciar un proceso de sanación emocional impacta directamente en la salud mental. **Kristin Neff** y **Christopher Germer** (2013) han demostrado que el desarrollo de la autocompasión disminuye la ansiedad, la depresión y la autocrítica.

El abordaje terapéutico del trauma —como el trabajo basado en el cuerpo, la terapia EMDR o la terapia cognitiva centrada en el trauma— reduce significativamente los síntomas de **TEPT** (Trastorno de Estrés Postraumático), según la investigación de **Bessel van der Kolk** (2015). Estas intervenciones favorecen la claridad mental, la regulación emocional y el fortalecimiento de la autoestima.

2. **Beneficios emocionales**

Cuando se inicia la sanación, se activa una reconexión emocional interna: las emociones dejan de ser evitadas y se transforman en guías para comprender la historia personal. **Daniel J. Siegel** (2010) denomina este proceso *integración neuronal*, donde las distintas áreas del cerebro —racional, emocional e instintiva— comienzan a trabajar en armonía, generando coherencia y estabilidad emocional.

Quienes transitan este camino reportan alivio, paz interior, mayor claridad en sus relaciones y una recuperación progresiva del placer, la alegría y la confianza.

3.   Beneficios biológicos y cerebrales

El trauma deja huellas no solo en la mente, sino también en el cuerpo. **Bessel van der Kolk** lo resume así: *"el cuerpo lleva la cuenta"*. Las experiencias dolorosas afectan el sistema nervioso, la postura, la respiración, el tono muscular e incluso la forma en que percibimos el mundo. Sanar implica reentrenar al cuerpo y al cerebro para dejar de vivir en estado de alerta constante.

Estudios sobre **neuroplasticidad** demuestran que las conexiones neuronales dañadas por el trauma pueden fortalecerse o reestructurarse. El trabajo de **Richard Davidson** y **Jon Kabat-Zinn** (2003) muestra que prácticas como el mindfulness, la terapia de compasión y la meditación generan cambios en la corteza prefrontal izquierda (vinculada a emociones positivas) y reducen la actividad de la amígdala (centro del miedo y del estrés).

Además, el proceso de sanación mejora el sistema inmunológico, reduce la inflamación crónica y estabiliza el eje hipotálamo-hipófisis-adrenal, como lo evidencia la investigación de **Candace Pert** (1999) sobre la conexión entre neuropéptidos y emociones.

4.   Etapas del proceso de recuperación

Desde la psicología clínica, **Judith Herman** propone tres etapas clave en la recuperación del trauma:

1.   **Seguridad** – restablecer el sentido de control y calma interna.

2.   Recuperación de la memoria y el duelo – aceptar la historia personal sin que defina el presente.

3.   Reconexión – volver a vincularse con uno mismo, con los demás y con la vida desde un lugar de libertad.

En otras palabras, sanar no es solo *superar* lo que pasó, sino **rediseñar el sistema nervioso** para que deje de reaccionar como si el peligro aún estuviera presente. Esa reprogramación interna es lo que nos permite vivir con paz, propósito y plenitud.

Lo que descubres al sanar:

• Que tu historia no fue tu culpa, pero sí es tu responsabilidad transformarla.

• Que no se trata de volver a quien eras… sino de descubrir quién eres realmente.

• Que sanar no es regresar. Es avanzar.

• Que ya no necesitas protección, porque ahora tienes poder.

• Que el dolor ya no te define. Tu conciencia, sí.

• Que cuando tú sanas… tu legado emocional también sana.

Sanar es como despertar después de años en un mundo en sombras y, de pronto, ver la luz sin cerrar los ojos. Saber que, esta vez, tienes el timón. Lo que venga depende de ti. De tus decisiones. De tu consciencia.

"La verdad no destruye. Libera." — **Thomas Hübl.**

♥ Para ti, lector

Quizás también sentiste que eras solo **el resultado de lo que te hicieron**. Que tu historia se definía por lo que perdiste o no recibiste. Pero no estás hecho solo de eso. También estás hecho de **lo que decides hacer hoy** con todo eso. No eres la herida: eres quien puede sanarla.

Ser adulto no es solo cumplir años: es **elegir con conciencia, aunque duela**. Atreverte a mirarte sin juicio, reconocerte sin vergüenza y aceptarte sin condiciones.

Aún estás a tiempo:

- De hablarte con respeto.

- De defender lo que sientes.

- De ser la voz que necesitaste cuando eras niño.

No será de un día para otro. No será sin lágrimas. Pero será real. Será tuyo. Y valdrá cada paso.

Quizás, mientras lees estas líneas, sientes que llevas años intentando ser fuerte... pero que **tu fuerza se ha confundido con resistencia al dolor**. Tal vez has aprendido a funcionar con la herida abierta, como si fuera normal cargarla todos los días.

Pero quiero preguntarte algo:
¿De verdad quieres seguir caminando con **esa maleta invisible que te impide respirar con libertad**?
¿Quieres seguir siendo la versión que sobrevive... o te atreverás a **ser la versión que vive**?

Sanar no significa olvidar lo que pasó. Significa que **lo que pasó deja de tener el poder de decidir por ti**. Que ya no necesitas complacer para sentirte valioso, que no toleras lo intolerable por miedo a quedarte solo, que no callas lo que duele para mantener la paz de otros mientras rompes la tuya.

Tu vida no se mide por las veces que lograste disimular el dolor, sino por **el momento en que elegiste mirarlo de frente y decir:** *"Hasta aquí."* Ese instante —aunque te tiemble el alma— es el verdadero comienzo de tu libertad.

Sanar es un regreso. **No hacia el pasado, sino hacia ti.** Y en ese viaje, descubrirás algo que siempre estuvo ahí: **tu valor nació contigo**, y nadie, absolutamente nadie, puede arrebatártelo.

Guía para sostener y expandir tu transformación

La verdadera transformación no termina con los primeros cambios; se fortalece con acciones diarias que la nutren y la expanden. Es un proceso vivo, que requiere constancia, decisiones conscientes y pequeños gestos que, sumados, consolidan la nueva versión de ti misma. Cada día que eliges actuar desde lo que has aprendido, refuerzas tu crecimiento y te alejas de las viejas dinámicas que alguna vez te limitaron.

1. Refuerza tu narrativa de poder

- Repite: *"Soy más que mi pasado. Elijo quién soy."*

- Escribe tu historia enfocándote en lo que has superado y en el camino que eliges seguir.

2. Alimenta tus referentes

- Rodéate de personas, lecturas y contenidos que refuercen tu visión de vida.

- Aleja o limita la exposición a entornos que minimicen o invaliden tu crecimiento.

3. Cuida tu cuerpo, tu primera casa

• Practica movimiento consciente: caminar, yoga, estiramientos o danza libre.

• Escucha las señales de tu cuerpo para regular descanso, energía y estrés.

4. Crea rituales diarios

• Dedica los primeros y últimos minutos del día a la gratitud, la respiración profunda o una lectura breve que te inspire.

• Reserva al menos 10 minutos al día solo para ti, sin distracciones.

5. Define metas que te inspiren

• Que sean pequeñas, claras y emocionantes.

• Celebra cada avance como parte de tu progreso, no solo el resultado final.

6. Entrena tu resiliencia

• Cuando aparezcan pensamientos que te hunden, redirígelos hacia perspectivas útiles y constructivas.

• Ancla tu atención en el presente a través de la respiración consciente o la práctica de mindfulness.

7. Comparte tu proceso

• Hablar de tus avances fortalece tu compromiso y autoestima.

• Escuchar las perspectivas de otros te permite ver logros que quizás no habías notado.

Recuerda: la transformación sostenida no ocurre de un día para otro, sino que se construye con pequeñas decisiones repetidas con constancia. Son esos actos cotidianos —poner un límite, escucharte, descansar, alimentarte bien, hablarte con respeto— los que, con el tiempo, van moldeando tu realidad. Cada día que eliges cuidarte, refuerzas tu compromiso contigo y expandes la vida plena y libre que mereces.

Reflexión final

Sanar no es un destino fijo, es un camino vivo que se expande cada vez que eliges cuidarte, respetarte y amarte.
Habrá días en que tu avance sea apenas un susurro y otros en los que sientas que corres hacia tu mejor versión.
Ambos son parte de la misma historia: la de alguien que decidió no conformarse con sobrevivir.

Aún estás a tiempo de profundizar tu transformación, de construir una vida que honre lo que eres y lo que sueñas.
El poder de sostenerla está en tus manos, en cada pequeño acto que eliges hoy… y mañana.

No llegué aquí por casualidad, llegué por **elección**. Elegí no quedarme en el papel de víctima. Elegí aprender, crecer y construir una vida que honre quién soy y lo que merezco.
Tú también puedes. **La dignidad y la libertad emocional se construyen, se cuidan y se defienden cada día.** La mejor versión de ti está delante, no detrás.

Bibliografía

- **Davidson, R.**, & **Kabat-Zinn, J.** (2003). *Alterations in brain and immune function produced by mindfulness meditation.* Psychosomatic Medicine, 65(4), 564–570.

- **Germer, C. K.**, & **Neff, K. D.** (2013). *Self-compassion in clinical practice.* Journal of Clinical Psychology, 69(8), 856–867.

- **Herman, J. L.** (1992). *Trauma and recovery: The aftermath of violence—from domestic abuse to political terror.* Basic Books.

- **Pert, C.** (1999). *Molecules of emotion: The science behind mind-body medicine.* Scribner.

- **Seligman, M. E. P.** (1992). *Learned optimism: How to change your mind and your life.* Knopf.

- **Siegel, D. J.** (2010). *The mindful therapist: A clinician's guide to mindsight and neural integration.* W.W. Norton & Company.

- **van der Kolk, B.** (2015). *The body keeps the score: Brain, mind, and body in the healing of trauma.* Viking.

- **Hübl, T.** (2020). *Healing collective trauma: A process for integrating our intergenerational and cultural wounds.* Sounds True.

21. SANAR FUE MI FORMA MÁS FIEL DE AMOR

Sanar no me hizo perfecta, me hizo fiel a mí.

Historia personal

"Renacer no es volver a ser quien eras, sino descubrir a la persona que siempre estuvo esperando dentro de ti."

Como el **fénix** que se eleva entre sus propias llamas, descubrí que lo que alguna vez pensé que me destruía era, en realidad, el fuego que me fortalecía. Sanar fue mi forma más fiel de amor, un acto consciente de lealtad hacia mí misma.

No fue un instante ni un milagro. Fue un camino hecho de elecciones diarias: hablarme con respeto, sostenerme con ternura y vivir en coherencia con mi verdad. Comprendí que **cada pensamiento es una semilla** y que puedo elegir cultivar solo aquellas que me acercan a la vida que deseo.

Sanar fue aprender a **construir vínculos que suman**, abrir caminos que expanden y tomar decisiones que honran mi paz. Me enseñó que **mi calma elegida** no es ausencia de desafíos, sino la capacidad de responder a ellos con claridad y fortaleza.

El **amor propio** es un pacto silencioso que se renueva cada día: **elegir lo que me nutre y soltar lo que me apaga**, avanzar con la certeza de que merezco lo mejor de mí.

Hoy camino ligera, con la mirada en el horizonte y el corazón abierto. Mi historia confirma que **la vida se expande cada vez que me elijo**, que siempre hay un próximo capítulo y que **ese fuego fue mi forja: de sus brasas despegaron mis alas**.

Sanar no solo me transformó: **encendió mi centro**. Camino con **brújula propia**.

Aporte psicológico y neurocientífico

La sanación emocional profunda no es solo un alivio interno: es un proceso que transforma de manera medible el cerebro, el sistema nervioso y la relación con uno mismo.

1. Activación de la neuroplasticidad positiva
El cerebro, como explica **Norman Doidge** (2015), conserva la capacidad de reorganizarse toda la vida. Esta *neuroplasticidad* permite que, con terapia, autoanálisis y práctica consciente, las redes neuronales asociadas al miedo o la disociación se sustituyan por circuitos de regulación emocional, seguridad y autocompasión.

2. Reconsolidación de la memoria emocional
Según **Bruce Ecker** y **Laurel Hulley** (2012), el cerebro puede "reconsolidar" memorias traumáticas en un entorno terapéutico seguro, reduciendo su carga emocional y fisiológica. Esto significa que el recuerdo permanece, pero **ya no domina las reacciones** del presente.

3. Regulación del sistema nervioso

La *teoría polivagal* de **Stephen Porges** (2011) demuestra que experiencias seguras y vínculos protectores activan el nervio vago ventral, asociado a estados de calma, conexión social y bienestar. Sanar no es solo mental: **también es fisiológico**.

4. Reparación del apego interno

Diana Fosha (2000) describe cómo la sanación crea un "apego seguro interno": la capacidad de ser para uno mismo una figura de cuidado, validación y protección. Este vínculo interno fortalece la autorregulación emocional y el amor propio.

5. Coherencia interna

Investigaciones del **Instituto HeartMath** muestran que emociones como gratitud, amor y compasión generan *coherencia cardiaca*, un estado en el que pensamientos, emociones y acciones se alinean, beneficiando la salud, la claridad mental y la resiliencia.

En síntesis: Sanar no es volver atrás para revivir el pasado, sino para liberarlo. Es crear nuevas rutas neuronales, establecer un vínculo interno de amor y construir una identidad que ya no se define por el dolor, sino por la consciencia, la compasión y la elección.

♥ Para ti, lector

Tal vez, mientras lees estas líneas, sientes que tu vida ya no puede seguir igual. Que es momento de elegirte. De encender tu propio fuego y permitir que lo viejo se disuelva para dar paso a lo nuevo.

Sanar no es un acto lejano ni reservado a unos pocos. **Es una decisión diaria**, un pacto silencioso contigo mismo: cuidarte, respetarte y vivir en coherencia con lo que eres.

No esperes el momento perfecto ni el permiso de alguien más. El fuego que hoy parece amenaza puede convertirse en tu fuerza, y las cenizas que temes pueden ser el suelo fértil donde renazcas.

Imagina vivir con **brújula propia**, sin depender de validaciones externas para saber hacia dónde ir. Imagina caminar ligero, con la certeza de que tu valor no se negocia y tu paz no se entrega.

Si algo quiero que recuerdes de este capítulo es esto: **tú también puedes levantarte de tus propias cenizas y desplegar a las nuevas.**
No para volver a ser quien eras, sino para convertirte en quien siempre estuviste destinado a ser.

⌖ Guía de herramientas para sostener tu renacimiento

Renacer es solo el primer paso; *mantener viva esa transformación es el verdadero desafío.* Estas herramientas no son reglas rígidas, sino aliados para recordarte quién eres y hacia dónde vas.

Úsalas como faros en tus días nublados y como alas en tus días de vuelo.

1. Declara tu nueva historia

• Cada mañana, repite en voz alta: *"Mi pasado no decide mi presente. Yo soy quien elige mi vida."*

- Escribe, en tiempo presente, cómo deseas vivir de ahora en adelante. Lee ese texto a diario.

2. Protege tu energía vital

- Aprende a decir *no* sin justificarte.

- Aleja, con respeto, a quienes no respetan tu nuevo proceso.

3. Crea anclas de fuerza

- Elige un objeto, aroma o imagen que simbolice tu renacimiento.

- Cada vez que sientas que retrocedes, míralo o llévalo contigo como recordatorio.

4. Convierte tus cicatrices en maestría

- Usa lo aprendido de tus heridas para guiar a otros.

- Hablar de tu transformación refuerza tu compromiso contigo.

5. Celebra tus pequeñas victorias

- No esperes grandes cambios para reconocerte.

- Aplaude cada paso que te saque de tu antiguo molde.

6. Sintoniza con tu cuerpo

- Practica actividades que te devuelvan la sensación de estar vivo: caminar descalzo, bailar, estirarte al amanecer.

- Escucha señales de cansancio y respétalas.

7. Honra el presente, sin prisa

- Vive un día a la vez.

Recuerda: un fénix no renace corriendo... renace ardiendo y luego volando.

⌐◉ Reflexión final

Renacer no es olvidar lo que viviste; es mirarlo a los ojos y decir: *"Gracias, ya no me defines."*
Es sostenerte en tu verdad aunque tiemble todo alrededor.
Es elegir, una y otra vez, la vida que arde en tu pecho y no la que otros esperan de ti.

Recuerda: **no naciste para arrastrar las cenizas... naciste para volar sobre ellas.**
Y cada vez que dudes, piensa que tu historia no termina donde te rompiste...
empieza donde decidiste reconstruirte.

Bibliografía

- **Doidge, N.** (2015). *The Brain's Way of Healing: Remarkable Discoveries and Recoveries from the Frontiers of Neuroplasticity.* Viking.

- **Ecker, B., Hulley, L.** (2012). *Unlocking the Emotional Brain: Eliminating Symptoms at Their Roots Using Memory Reconsolidation.* Routledge.

- **Fosha, D.** (2000). *The Transforming Power of Affect: A Model for Accelerated Change.* Basic Books.

- **Porges, S.** (2011). *The Polyvagal Theory: Neurophysiological Foundations of Emotions, Attachment, Communication, and Self-regulation.* W. W. Norton & Company.

- **Instituto HeartMath**. (s.f.). Investigaciones sobre coherencia cardíaca y emociones positivas. Recuperado de: https://www.heartmath.org

Puente hacia el capítulo final

Has llegado hasta aquí, y no es casualidad.

Cada página que recorriste fue **un espejo, una chispa o un recordatorio** de que tu vida no está escrita en piedra. Has caminado entre memorias, heridas y descubrimientos; has mirado lo que antes evitabas y reconocido verdades que quizá no querías ver. Y, aun así, estás aquí.

Ese es el verdadero renacimiento: **no solo levantarte, sino levantarte distinto**. No solo entender tu historia, sino comenzar a reescribirla con **nuevas palabras, nuevos límites y nuevos sueños**.

Pero sé que algo más sigue latiendo dentro de ti: **la necesidad de un mapa, una brújula, una guía** que ordene lo que ahora conoces y lo convierta en un camino claro.

Ese mapa existe.

Es el fruto de **años de estudio, vivencia y aplicación**, y es la base sobre la cual puedes construir una vida que no solo sane, sino que se expanda.

En el próximo capítulo voy a compartir contigo **mi teoría**, nacida de unir ciencia, experiencia y un amor profundo por la transformación humana. No es solo un método; es **una forma de mirar la vida** que puede convertirse en tu nuevo punto de partida.

Estás a punto de recibir la llave que abrirá la puerta que siempre estuvo frente a ti... y esta vez, **sabrás cruzarla**

22. DEL DOLOR AL RENACIMIENTO: MI MÉTODO PARA QUE TÚ TAMBIÉN PUEDAS

TRIS
Teoría del Renacimiento
Integral del Ser

Capítulo Final – Del dolor al renacimiento: mi método para que tú también puedas

"La verdadera libertad nace cuando eliges renacer más allá de tu herida."

Hay heridas que no se cierran con el tiempo. Hay historias que no se olvidan con distracciones. Hay recuerdos que, aunque intentemos enterrarlos, **siguen latiendo en el fondo**, recordándonos lo que perdimos, lo que nos dolió, lo que no supimos cambiar.

Durante años busqué respuestas. Estudié psicología para entender el alma humana, neurociencia para comprender cómo el cerebro guarda y procesa el dolor, y me formé en diferentes enfoques terapéuticos que me enseñaron a sanar a otros y, sobre todo, **a mí misma**.

En ese viaje descubrí algo que cambió mi vida: **el trauma no tiene que definirte**. Lo que viviste no es una condena perpetua. **Es materia prima.** Puede ser la base para construir una versión de ti que nunca existió antes: más fuerte, más consciente, más libre.

De esa certeza nació la **Teoría del Renacimiento Integral del Ser (TRIS),** un modelo que une la ciencia con la experiencia humana para guiar a cualquier persona —sin importar la magnitud de lo que haya vivido— hacia **un renacer verdadero.**

Las 4 fases de TRIS

1. Despertar de la conciencia
El primer paso es reconocer dónde estás. No desde la culpa, sino desde la claridad. Aquí aprendes a observar tus pensamientos, emociones y reacciones como señales, no como enemigos. Te das cuenta de qué creencias han sostenido tu dolor y cómo tu cuerpo te habla cada día.

2. Reprogramación neuroemocional
Antes de sanar la historia, necesitas que tu cuerpo deje de vivir en alerta. Esto se logra con técnicas de regulación que calman tu sistema nervioso: respiración consciente, anclajes sensoriales, movimientos suaves que envían el mensaje de **"estoy a salvo".** Solo cuando tu cuerpo siente seguridad, tu mente puede reescribir el pasado sin volver a lastimarte.

3. Reescritura identitaria
Es aquí donde decides quién quieres ser. No es volver a *lo que eras antes* del trauma; es crear una identidad nueva, coherente con tus valores y tu propósito. Aprendes a narrar tu historia de forma que ya no te hiera, sino que te sostenga.

4. Renacimiento existencial
La sanación no se trata solo de dejar de sufrir, sino de **vivir con sentido.** Esta fase te conecta con tus valores más profundos y

con un propósito que trasciende tu dolor. Aquí construyes hábitos, relaciones y entornos que alimentan tu nueva vida.

Si quieres comenzar hoy tu renacimiento

Respira con conciencia tres veces seguidas, enviando a tu cuerpo el mensaje de que estás a salvo.

Escribe una frase de poder que sustituya la creencia que más te limita.

Da un paso pequeño pero real que te acerque a la vida que quieres.

Un mensaje para ti

Si este libro llegó a tus manos, **no fue casualidad.** Todo lo que has leído aquí no es solo mi historia: es también un espejo y una invitación.
Tú también puedes **despertar, reprogramarte, reescribirte** y **renacer**.

No importa cuánto tiempo hayas vivido en la herida, siempre hay un instante en el que puedes decir:
"Hasta aquí. Hoy comienzo de nuevo."

Ese instante puede ser **ahora.**

Reflexión final

Renacer no es volver a ser quien fuiste, sino descubrir a quien siempre estuvo esperando dentro de ti.

EPÍLOGO

"Sanar no es olvidar. Es recordar sin quedarte atrapada. Es mirar atrás y saber que sigues de pie."

Este libro no termina aquí. En realidad, aquí comienza otra historia.

Cierro estas páginas con la conciencia plena de que no soy la misma mujer que comenzó a escribir. La niña rota que habita en mí ya no grita desde la herida: ahora habla desde la sabiduría, la transformación y la libertad. He caminado entre recuerdos que duelen, entre capítulos que me hicieron revivir lágrimas que creía secas, pero también encontré respuestas, verdades y luz.

Hoy reconozco que no elegí la infancia que me tocó, pero sí elijo, cada día, la forma en la que quiero vivir mi adultez. Elegí escribir. Elegí sanar. Y elegí ser la voz que alguna vez quise tener.

Este no ha sido solo un libro de memorias, ha sido un acto de liberación. Un mapa emocional que deja huellas para quien aún no encuentra el camino. Porque todos, en algún momento, cargamos una parte rota dentro… no importa qué tan lejos hayamos llegado profesionalmente, cuántos títulos, hijos o países tengamos encima. A veces, aún estamos buscando el abrazo que nos faltó.

Si has llegado hasta aquí, gracias. No lo hiciste como lector: lo hiciste como valiente. Porque leer una historia como esta también es mirarte por dentro. También es tocar tus propias grietas y comenzar a preguntarte: *¿qué me falta sanar?*

Pero quiero decirte algo importante: no es demasiado tarde. Aún estás a tiempo.

Este libro es una invitación a iniciar ese proceso, a honrar tu historia y construir una nueva. Pero también es un puente: un puente hacia lo que vendrá.

Mi próximo libro no hablará de mí, sino de aquellos niños que no pudieron transformar su dolor. De los que, por no ser escuchados a tiempo, terminaron caminando por senderos oscuros. De las infancias que no supieron cómo reescribirse. Pero también hablará de redención, de conciencia, de nuevas oportunidades. Será un llamado a padres, docentes, terapeutas, cuidadores, líderes y a todos los adultos del mundo.

Porque sanar a tiempo puede salvar vidas. Y porque nadie nace siendo un monstruo.

Así cierro este capítulo de mi vida. No desde el olvido, sino desde la gratitud. No desde la herida, sino desde la cicatriz que ya no sangra.

Hoy sé que mi vida, mi historia y mi trabajo encuentran su mayor propósito en **TRIS® – Teoría del Renacimiento Integral del Ser**, un modelo que une psicología, neurociencia y experiencia vivencial para acompañar a cada persona en su paso del dolor al renacimiento.

Y si algo puedo desearte desde lo más profundo de mi alma, es esto:

Que te liberes.

Que te encuentres.

Que sanes. Y que seas tan libre como lo mereces.

— Psic. Alexandra Delgado.

UNA INVITACIÓN AL PRÓXIMO VIAJE

Querido lector:

Si has llegado hasta aquí, quiero abrazarte con el alma. Este no ha sido solo un libro: ha sido un acto de valentía, de mirar hacia dentro y elegir sanar. Gracias por permitirme caminar contigo, por detenerte en tus propias heridas y, sobre todo, por decidir que mereces una vida diferente.

Pero este camino no termina aquí. Porque no todos los niños heridos logran sobrevivir a su historia. No todos encontraron su voz. Y algunos, lamentablemente, se convirtieron en aquello que más temieron.

Mi próximo libro está dedicado a ellos: a quienes no tuvieron una infancia feliz, a quienes no encontraron salida y caminaron por senderos oscuros. A quienes el dolor empujó a dañar. Y también, a quienes lograron redimirse y transformarse a pesar de todo.

Historias reales como las de *Ted Bundy* o *Charles Manson* mostrarán cómo las heridas de la infancia no sanadas pueden convertirse en monstruos silenciosos que habitan en la sombra. Pero también conoceremos casos de quienes, aun con un pasado marcado por la violencia o el abandono, eligieron cambiar, pedir perdón, sanar y ayudar.

Porque no se trata de justificar, sino de comprender.

De prevenir.

De hablar a tiempo.

De romper el silencio.

Mi misión es seguir dando voz a quienes callaron. Crear un puente entre la Psicología, la Neurociencia y la Conciencia Social, para que nunca más una infancia rota se convierta en un adulto peligroso.

Si este libro te ayudó a mirar hacia dentro, el próximo te invitará a mirar hacia afuera: hacia la sociedad, hacia los sistemas, hacia las consecuencias de lo que no se sana a tiempo. Y lo hará, una vez más, de la mano de mi modelo **TRIS® – Teoría del Renacimiento Integral del Ser**.

Te espero allí.

Con gratitud,

Psic. Alexandra Delgado
Psicóloga | Abogada | Escritora | Investigadora | Madre consciente.

AGRADECIMIENTOS

Este libro es un acto de sanación. Una voz nacida del silencio, un puente que une la herida con la esperanza.

A **Dios**, mi refugio eterno, por sostenerme cuando sentí que no podía más y por recordarme, aun en la oscuridad, que *Su luz siempre guía mis pasos.*

A quienes tejieron mi historia, incluso con los hilos más ásperos: gracias. Porque sin ustedes no habría tenido el impulso para despertar.

A mi esposo, por ser el comienzo inesperado de mi transformación.

A mi suegra, por acompañarme con el amor que a veces me faltó; gracias por ser abrigo y presencia en mis momentos más vulnerables.

A mis hijos —*mi motor, mi espejo y mi propósito*—, por quienes decidí sanar, para que su herencia no fuera mi dolor, sino mi ejemplo.

A quienes extendieron su mano cuando más lo necesitábamos, como **Miguel Saldaña** y aquellos corazones generosos que nos ofrecieron ayuda sin condición: gracias por ser luz en medio del camino.

A **La Iglesia de Jesucristo de los Santos de los Últimos Días**, por enseñarme que la fe también puede ser acción.

Y a ti, *lector valiente*, gracias por atreverte a mirar hacia adentro. Este libro es también tuyo. *No temas sanar.*

www.ingramcontent.com/pod-product-compliance
Lightning Source LLC
Chambersburg PA
CBHW022007080426
42733CB00007B/510